JN116698

私は料理で生きていく

日本の料理界で活躍する
女性オーナーシェフ・料理長10人の
仕事、生き方、マイルール

著 仲山今日子

この本について

料理の世界で身を立てようと思う時、もちろん男女の性差なく、
大変なこと、厳しいことに数多く出くわすことでしょう。
しかし、特に体力勝負で長時間・長期間のコミットが求められてきた
レストラン業界では、「女性であること」が
ハンディキャップとなることが少なからずありました。
結婚や出産をきっかけとして、
または先が見えないモヤモヤとした気持ちと焦りが生じて、
女性が料理人としてのキャリアを断念してしまうケースも見られます。
このことは、レストラン業界で「プロの一流料理人」と呼ばれる人が、
まだ圧倒的に男性多数であることからもわかります。

しかしそんな中、自分にとって少しでも働きやすい状況で、
自分のつくりたい料理をストイックに追求する
女性オーナーシェフ・料理長が日本でも目立ちはじめました。
料理界を「誰にとっても働きやすい場所」にするために、
幅広いバックグラウンドと働き方に対する考え方を持つ
彼女たちのリアルな実例と生の声を届けたい。
それがこの本の目標です。
彼女たちが何を大変と感じ、どう乗り越えてきたのか。
何をめざして、どんな道筋を描いているのか。
料理を仕事にするすべての方に、参考にしていただけると幸いです。

序文

狐野扶実子（料理プロデューサー・食ジャーナリスト）

新しい時代の若き才能を発掘する、日本の料理人コンペティション「RED U-35」の2023年度の大会で、女性料理人の山本結以さん（「エスキス」料理長）が優勝しました。私は2015年から審査に携わってきましたが、女性料理人の優勝は大会史上初めてです。こうしたコンペティションやイベントに限らず、お店の調理場の様子を発信するSNSなどでも、女性料理人が多く登場するようになり、日本の料理界に新しい風が吹いていることを実感しています。

30年近くも前になりますが、私がパリのレストラン「アルページュ」の厨房で働いていた頃を思い起こします。料理人のほとんどがフランス人という時期もあれば、世界各国から料理人や見習いが集まり〝多国籍軍〟のような時もありました。当初、私は無給の見習いとして採用され、与えられた仕事のほとんどは掃除でした。その後、地下にあるパティスリーに配属され、「パイナップルのロースト」を担当するよう言われます。加熱により少しずつ滴る果汁を刷毛でかき集めてはパイナップルの表面に塗るという地味な作業でした。難しいことは何一つなかったのですが、他にも済ませなければならない山積みの作業と並行して行うため、つい焦がしてしまいます。そう、このデザートを成功させた料理人はその頃、誰一人としていなかったのです。「失敗せずにつくれるようになれば、地下から窓のある地上階のキッチンに脱出できるかもしれない」。毎日がパイナップルとの格闘でした。そして焦げずにうまく仕上がる日が続くようになると、ある日、アラン・パッサールシェフからその訳を尋ねられました。そのタイミングを逃さず、私は、地上階の調理場に配属してもらえないかと直訴したのです。

念願の地上階のキッチンでは、地下にはない張りつめた空気が漂っていました。特にランチタイムが始まる前までの午前中の仕込み、そして営業時間中は緊張で心臓が張り裂けそうでした。みな口数少なく、淡々とノルマ達成に向けて調理し、その中で学んでいくという状況でした。当時、料理人はシェフによく怒鳴られましたし、私もそのうちの一人でしたが、そこには「ジェンダーの差」はありませんでした。アルページュは確かに男性が多い職場でしたが、私が働き始める数年前、1990年代の初めにはすでにフローラ・ミクラさんという女性料理人が、シェフの右腕となって調理場を仕切っていましたし、私が働いていた頃も女性の料理人がいる時期もありました。男性に比べると圧倒的に数は少ないのですが、パリでは、女性料理人は当時からミシュランの星付きレストランでも活躍していたのです。アルページュはこぢんまりとした一軒家のような雰囲気が特徴で、その空気感を好んで長年働く料理人もいましたし、調理場が窮屈だと言って去っていく人もいました。そこに性別は関係なく、働きやすい環境かどうかは人それぞれだったように思います。

のちに、私はパリの老舗食品店の料理部門でエグゼクティブ・シェフとして働くことになります。長年親しまれてきたロゴがリニューアルされ、マドレーヌ広場のランドマークでもあった店舗の外装が一新されたタイミングでした。過去のヒット商品や代々受け継がれてきたレシピにオリエンタルな要素を取り入れ、季節のイベントに合わせて新たなレシピを開発することなどを任されました。しかしそれだけではなく、スタッフの雇用や契約、フランス国外にオープンする新店のレイアウトに至るまで、管理職としてさまざまなことに関わりました。ただ、そこの調理場には文化的背景の違いなどから差別意識も存在していたような気がします。女性でアジア人だということを意識して応援してくれる同僚もいる一方、ある男性料理人は女性である私に反発して鍋ごとソースを壁にぶちまけたり……。人種やジェンダー平等に対する問題意識が今日のように存在していたなら、などと考えてしまいますが、今となってはすべてが懐かしく、いとおしい思い出です。

その後、ニューヨークで暮らしてみると、ニューヨークという街が人権やジェンダー平等により敏感であることを肌で感じました。しかし今の料理界について言うと、2024年3月時点で、ミシュランの星を獲得しているレストランの厨房を仕切る女性料理人はただ一人。マンハッタンにある北欧料理のレストラン「アクアヴィット」のエグゼクティブ・シェフ、エマ・ベングトソンさんだけです。アクアヴィットの調理場は、料理人の男女比率はほぼ同じだそうで、みなさん、明るく広々としたキッチンでのびのびと働く様子が客席からもうかがえました。女性が働きやすい環境は、実は男性にとっても働きやすい環境なのだと感じました。エマさんにお会いした際、シェフとしての大変さについて尋ねると、「長時間の労働はもちろんですが、何よりも大変なのは、スウェーデンにいる家族と14年間も離れて生活していることです」と笑って答えてくださいました。そのご苦労は性別に関係なく共感できるものでした。

料理人とは一般的に、「料理をする人」「料理をつくるのを業《なりわい》とする人」と定義されます。ただ、どんな時に、どんな場所で、どんな人に向けて料理をつくるかについては、私たち料理人一人ひとりが選択できるのではないかと思います。独立開業してオーナーシェフになるだけでなく、チームの一員として、チームをまとめる立場として、あるいはフリーランスとしてなど、さまざまな形態での働き方があります。特に今は、日本でもジェンダーに左右されることなく、自分に合った環境や条件を選ぶことができるはずです。私たちは個々の存在でありながら、決して孤立しているわけではありません。私が料理を始めた頃、地下から地上階へと脱出した時のように、道は用意され、話を聞いてくれたり相談にのってくれたりする人はどこかにいるはず。それぞれの道をまっすぐ進めば、才能を発揮できる環境は必ず存在するのです。

このふみこ

フランス・パリの「ル・コルドン・ブルー」を首席卒業後、三つ星レストラン「アルページュ」に入り、のちにスーシェフに就任。2001年よりパリを拠点に世界中のVIPの「出張料理人」に。パリの老舗食品店の料理部門のエグゼクティブ・シェフを経てパリのアラン・デュカス氏主宰の料理学校で講師を務め、現在は日本国内でも料理プロデューサー・食ジャーナリストとして活動。

Contents

● 序文　寄稿：狐野扶実子……4

志摩観光ホテル―総料理長 樋口宏江……10
子育てをしながら、歴史ある大所帯のクラシックホテルの総料理長を務める

中国料理 美虎―オーナーシェフ 五十嵐美幸……24
若くして注目され、バッシングや病気を乗り越えて自分の働き方を確立

été―オーナーシェフ 庄司夏子……38
1日1組の「小さな店」で世界に出て、女性料理人のロールモデルをつくる

鮨竹―店主 三好史恵……56
「すしは嘘をつかない」を信条に圧倒的な男性社会のすし業界で活躍

MANNA―オーナーシェフ 原優子……70
店舗を備えた一軒家で娘を育てながらまっすぐなイタリア料理を提供

RESTAURANT HYÈNE―エグゼクティブシェフ 木本陽子……88
日本と韓国という自らのルーツを織り交ぜたフランス料理を強みに

里山十帖―料理長 桑木野恵子……102
エステやヨガの世界から食の大切さにたどり着き、里山の料理旅館を率いる

CHILAN―オーナーシェフ ドグエン・チラン……118
一度は料理界から離れるも、夫の地元広島で開業し子育てと両立

空花―店主 脇元かな子……136
日本料理の名店で学び、縁に導かれて東京と鎌倉の2店舗を経営

ESqUISSE 料理長 山本結以……150
将来の夢は三つ星シェフ。東京屈指のガストロノミーレストランで厨房をまとめる

Column 01
店を持たずに料理をつくるという選択肢……54

Column 02
食堂・カフェ・酒場などカジュアル店開業の実例……86

Column 03
料理研究家という仕事……134

Column 04
海外の女性シェフ3人にインタビュー……164
アンヌ＝ソフィー・ピック／ドミニク・クレン／ドゥアンポーン・〃ボー〃・ソンヴィサヴァ

撮影 宮本信義
大山裕平（P70～85）
デザイン 明昌堂 西巻直美
制作協力 坂根涼子（Column 01～03取材・文）
編集 和久綾花

志摩観光ホテル 総料理長

樋口 宏江

1971年生まれ ● 三重

志摩観光ホテル　三重県志摩市阿児町神明731

かつて山崎豊子の小説『華麗なる一族』の舞台となり、2017年にはG7首脳会議の会場にも選ばれた歴史あるクラシックホテル、志摩観光ホテル。調理部門に総勢120人のスタッフを抱えるその大組織の総料理長に女性が就任するというニュースは、時代を変える革命的な出来事として料理界に広まった。その女性とは、2014年に総料理長に就任し、現在も厨房の最前線で指揮を執る樋口宏江さんである。地元・三重の海産物を主役に据える革新的なフランス料理をつくり、同ホテルの名総料理長として知られた高橋忠之さんの下で修業を積んだ樋口さん。高橋さんは男女平等で実力主義であり、だからこそ、言い訳が許されない中で力をつけていった。その後、厨房の後輩だった料理人と結婚し、2児の母に。家族のために料理人を辞し、転職した夫の思いも背負って走り続けたその先に、総料理長というポジションが待っていた。仕事がどんなに忙しくても樋口さんが決してやめなかったのは、家族のための食事をつくり続けること。昼営業が終わった後に急いで自宅に帰って料理をつくり、「一緒にいられないぶん、自分の料理を食べて健康でいてほしい」とたくさんの愛情を込めた。今、子育てが少し落ち着いた樋口さんが取り組むのは、下の世代のための環境づくり。総料理長という立場から、女性たちが安心して働ける場所を整えるのが次の目標だ。

ひぐちひろえ

1971年、三重県出身。1991年に志摩観光ホテルへ入社し、1994年にホテル志摩スペイン村「アルカサル」のシェフに。その後、志摩観光ホテルのフランス料理店「ラ・メール」で料理人として研鑽。2008年、志摩観光ホテル ザ ベイスイート開業とともに、同館内に新たにつくられたラ・メールのシェフとなる。2014年、志摩観光ホテル総料理長に就任。2016年にはG7伊勢志摩サミットでワーキングディナーを担当。2017年、農林水産省料理人顕彰制度「料理マスターズ」にて女性初、三重県初のブロンズ賞を受賞。2023年、フランス農事功労章 シュヴァリエを受章、同年に株式会社近鉄・都ホテルズ取締役に就任。

「母と一緒に店をやりたい」という気持ちから料理人に

料理の道を選んだのは、料理好きだった専業主婦の母のご飯がおいしかったことが根本にあると思います。特にフランス料理人をめざすようになったのは、子どもの頃に見ていた「料理天国」というテレビ番組でフランス料理が紹介されていたことや、中学生の時に母に連れて行ってもらったフランス料理店で「フランス料理ってかっこいい」と思ったことが理由ですね。当時は「母と一緒に小さなレストランができたらいいな」という気持ちで料理人を志しました。

大阪の調理師専門学校を卒業後、生まれ育った三重県四日市市からもほど近い、志摩観光ホテルに就職。当時レストランを率いていたのは、5代目の故・高橋忠之総料理長でした。高橋シェフは、かつてフランスからの輸入食材を使うのが一流のフレンチだという考えが一般的だった中、イセエビやアワビなど、ホテルがある伊勢志摩の海産物を主役にした「海の幸フランス料理」を生み出し、本場フランスの名だたるシェフたちにも認められた方。その料理スタイルにも通ずるように先進的な考えの持ち主で、性別や年齢ではなく、仕事の内容で評価をしてくれる人でした。当時のホテルの調理場には珍しく女性の料理人の先輩もいて、私自身は、女性であるがゆえの働きにくさは感じませんでしたね。

「女だから可愛がられている」という噂に負けず実力を証明

高橋シェフが求める仕事のレベルは非常に高く、それができないことが悔しくて、修業中は何

三重県志摩市の英虞《あご》湾に浮かぶ賢島《かしこじま》。その穏やかな入江を望む丘の上に、1951年に開業したのが志摩観光ホテルだ。現在はザ クラシック、ザ ベイスイート、ザ クラブの3館に分かれ、それぞれにレストランやバーなどがある。

度も涙しました。でも負けず嫌いなので、叱られても落ち込むことはなく、むしろどうしたらその状況を解決できるかを考えました。同期は20人いましたが、その厳しさに徐々に脱落していき、1年後にはわずか数人に。そんな中、「シェフが何をしたいのか先まわりして考える」「手を抜かずに誰よりも一生懸命働く」ことを徹底することで次第に認められるようになり、入社3年目、系列のホテル志摩スペイン村がオープンするタイミングで、その中にあるレストラン「アルカサル」のシェフを任されることになりました。

突然の、責任ある立場。料理だけでなくスタッフのスケジュール管理や原価計算など、初めてのことに追われながら、「ホテルのシェフ」という仕事を学んでいきました。もともと私は人見知りで、今も知らない人が大勢いるところは苦手なんです。知らない人に電話したりするのも、本当に苦痛。本当は誰かに仕事を頼むより、自分がやったほうが早いし効率的と思ってしまうタイプです。しかし、ホテルのシェフとなると、そうはいきません。ただ仕事をするだけではなく、組織をうまくまわす、若手を育てる、チーム全体を見てコミュニケーションをとるのも大切な仕事です。中学生の時、学校のバスケットボール部の先輩から「ちゃんと言葉で言わないと伝わらないよ」と言われたことを思い出しながら、新しい店をつくっていきました。キャリアの早い段階からチームを率いる仕事をさせていただいたことは、その後も大きく生きています。

なお、入社3年目でシェフという異例の大抜擢だったので、当時は「女だから上に可愛がられている」と陰口をたたかれていたようです。負けず嫌いだったこともあり、それならば仕事で実力を証明するしかないと決意。朝早くから夜遅くまで働き、細々とした雑用など人の嫌がることも徹底的にやり抜くことで、噂話をはねのけようと思いました。

— Hiroe Higuchi —

樋口さんが主に立つ、志摩観光ホテル ザ ベイスイート内にあるフランス料理店「ラ・メール」。

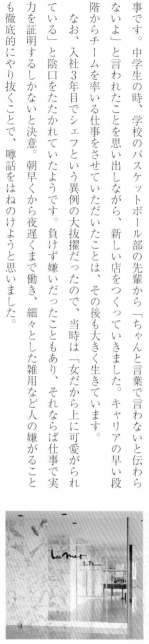

子どもが生まれ、ともに料理人だった夫が別業界へ転職

シェフとしてアルカサルの立ち上げ～軌道に乗せるまでを担当した後は志摩観光ホテルに戻り、さらに料理人として腕を磨きました。その時に、同じ厨房で働いていた夫と出会います。私の方が4歳上で、夫は後輩にあたります。厨房では1日の大半を一緒にすごすので話をすることも多く、そのうちにお付き合いをする関係に。一緒に働く人が気を使うだろうからと、仕事中はそういうそぶりを見せないようにしていましたが、まわりはみんな気づいていたと思います。5年くらい交際した後、2000年に結婚しました。

結婚しても、最初は何も変わりませんでしたね。仕事もそのまま続けさせてもらったし、生活が急変することもなかった。やはり劇的に変わったのは、翌年長男が生まれてからです。もともと「子どもができたらどうする?」と話し合いをしていたわけではなく、その時になって考えればいい、くらいに思っていました。でも、子どもを育てることには、想定以上の大変さがありました。夫と私は同じ職場なので、休みの日や忙しい日は一緒。そのため、たとえば営業日に子どもが熱を出したりした時には、どんなに忙しくてもどちらかが厨房を抜けなくてはなりません。相談の上、私が産休から職場復帰して半年後くらいに、夫がホテルを辞めて異なる業界へ転職しました。日本の場合は同じ職場で結婚した場合、女性が辞めることになる場合が多く、夫が譲ってくれたというのはレアケースだとは思います。夫の判断には、もともと私が先輩だったのも影響しているのかもしれません。せっかく料理人としての修業をしてきた夫に申し訳ない気もして、そのぶん私が一生懸命働かないと、と思うようになりました。

34歳の頃、当時3歳の長男とともに。

料理人の仕事は一般的に夜が遅く労働時間も特殊ですし、職種が違うとたとえ夫婦でも理解するのが難しい部分があるかもしれません。幸いなことに私たちの場合はその難しさはなかったので、夫には忙しさを理解してもらえて助かりました。２００５年には次男も生まれ、その時はたまたま近所に子どもを見てくださる方がいて、どうしても仕事を抜けられない時などに助けていただきました。夫と私の両親は近所に住んでいたわけではなく、この方がいらっしゃらなかったら、子育てと両立させるのはとても難しかったと思います。

仕事の合間に家族への食事をつくるため自宅へ戻る

自宅はホテルの近く、車で10分ほどの場所。子どもが小さい頃は、昼と夜の営業の合間に抜けて、ご飯をつくりに自宅へ戻っていました。十分に一緒にいられない代わりに、子どものために料理だけはつくろうと決めていたのです。子どもたちが成長して、外で友達と食べてくるようになったりするまで、朝昼晩の3食をつくることを15年ほど続けたと思います。若かったのでなんとかなりましたが、今やれと言われてもできないですね……。また、学校の行事などは、その時間だけタイミングを調整して厨房を抜け出して行っていました。

そんな息子たちも、今はもう22歳と18歳。長男は栄養士の資格を取り、この春から料理関係の三重県の会社に入社します。次男は学校の先生になりたいと、県外の大学で歴史を学んでいます。料理はつくっていたとはいえ、一般的な家庭に比べれば、母である私が家族と一緒にいる時間は絶対的に短くて、料理人としてのキャリアを追求したぶん、家族との時間を犠牲にしたという思

業務の間をぬって食材の生産地を訪れ、生産者と会話をする樋口さん。この活動が、自分らしい料理をつくることにつながっている。

いはあります。家族で旅行にも行けませんでした。ただ、料理という形での愛情は、たくさん伝えてきたつもりです。手間も時間もかけられないながら、気候や家族の体調に合わせて料理をつくり、日々の食事にできる限りの想いを込めました。今でも、家族の誕生日は仕事が終わったらすぐ帰宅して一緒にご飯を食べるようにしています。

ホテル勤務だと決まりごとが多くて「やりたいことができない」と思われがちな面があります。確かにルールはありますが、チームで仕事を進めることで、同僚に任せられる部分もあるし、交代で休みを取ることもできる。人数が多いぶん、一人が抜けた時の負担はそこまで多くないのです。自分自身や子どもの病気などで急に早退しなくてはならなくなったとしても、普段から他の人に配慮しながら助け合って仕事をしていれば、問題になることはありません。

女性としてトップに就くことの難しさ

さて、少し話を戻して2008年、志摩観光ホテルの新しい顔として、別館の「ベイスイート」が開館した時のこと。私は息子2人の子育て中に、そのメインダイニング「ラ・メール」の料理長となりました。「新しい志摩観光ホテルの味」を生み出すことを期待される反面、当時の常連のお客さま方からは手厳しい評価もありました。かつて名総料理長と評された「高橋忠之の料理」を食べにいらしていた方が多かったからです。また、まだ数少ない女性料理人ということもあり、認めていただくまで時間はかかったかもしれません。家族の協力と応援が何よりのはげみである一方で、家族を持たずに仕事だけに集中していたら、さみしい思いをさせることもなく、もっと

「ラ・メール」のスタッフとともに。

自分史年表

1971年生まれ　樋口宏江

20歳　大阪の辻フランス・イタリア料理マスターカレッジを卒業し、志摩観光ホテルに入社。

23歳　志摩スペイン村のレストラン「アルカサル」シェフに就任。

29歳　志摩観光ホテルに戻って料理修業を積む中、厨房の後輩であった夫と結婚。

30歳　第1子出産。同じ厨房で料理人として働いていた夫が別業界へ転職するなど、公私ともに大きな変化が起きる。4年後、34歳の時に第2子出産。

Turning Point

37歳　志摩観光ホテル ザ ベイスイートの開業に際し、ホテル内に新たにつくられたフランス料理店「ラ・メール」のシェフとなる。

43歳　ホテル内全てのレストラン・バーを統括する、第7代総料理長に就任。総料理長になることは、特に目標としていたわけではなく、順当に昇進を重ねた結果である。

Turning Point

45歳　G7伊勢志摩サミットでワーキング・ディナーを担当。翌年、農林水産省料理人顕彰制度「料理マスターズ」において、三重県初のブロンズ賞を受賞。

47歳　沖縄県南城市で行われたイベント「ダイニングアウト」の料理を担当。

50歳　志摩観光ホテルを運営する株式会社近鉄・都ホテルズ執行役員兼エグゼクティブフェロー就任。

52歳　フランス政府よりフランス農事功労章 シュヴァリエを受章する。株式会社近鉄・都ホテルズ取締役に就任。

いい仕事ができていたかもしれないと考えることもありました。

そんな悩みにもがく中、高橋総料理長が生み出した「海の幸フランス料理」の伝統を受け継ぎつつも「自分らしさ」を探そう、高橋総料理長がこれまで使ってこなかった食材ももっと取り入れようと考えるようになってからは、一つの道が見えたような気がしました。また、当時の総料理長だった先代の宮崎英男シェフが「お客さまの声を受け止めながら5年続けてみよう」と言ってくれたことも力になりました。

そんな時代を経て、2014年に全館のレストランを統括する立場である総料理長に就任しました。この時は、ラ・メールのシェフになった時よりも、自分・まわりともにスムーズだったと思います。ラ・メールで同じメンバーで何年も一緒にやってきて、その結果職責が上がり、総料理長になったという形だったからです。年上の部下も数多くできましたが、今まで通り人生の先輩として、敬意を持って接しています。何かを頼みたい時は「私はこうしたいと思っているので、手伝っていただけますか」という姿勢でお願いをしていますね。

一方で、若手の教育は大きな課題です。私が若い頃は、料理人は先輩や上司を「見て習う」時代でした。直接教わらなくとも先輩がやっていることを普段から見ておき、シェフや先輩が望むことを察して先まわりして準備するのが当たり前。本当はそれが望ましいのですが、今の若い子はそれを「やらなくてはならないこと」とは思っていません。言われないと動かないことが多いので、厨房で「自分が今やるべきこと」を自然にできるように仕向けていくのがこれからの課題です。「言う」「聞く」のも多少のストレスになるので、何も言わなくともお互いに以心伝心という状態が一番ストレスなく理想の形ですね。もっとも、これは性別関係ない話ですが。

一日のスケジュール

9:00

起床、家事を終えたら身支度。すでに朝食営業が行われているので、スマホで厨房や会社で起きていることをチェックし、朝食はとらずに家を出る。

11:00

車で10分ほどの職場に到着。ホテル全体の予約状況についてミーティング。仕込みが始まり、樋口さんは仕込みなどのサポート。

13:00

「ラ・メール」は朝食と夕食時の営業なので、13時頃に朝食の片付けを終了し、16時半まで全体休憩がある。スタッフは帰宅したり、休憩室で仮眠を取ったりする。樋口さんもこの時間は自由に行動し、スタッフの悩み相談に乗ることも。月に数回ホテルの管理職会議や各レストランのシェフミーティング。

伊勢志摩サミットといった大きなイベントで成長を重ねる

総料理長に就いて2年後、２０１６年に行われたＧ７伊勢志摩サミットでワーキングディナーを担当させていただいたのは忘れられない経験です。ディナーの後、各国首脳に挨拶をする機会をいただき、首脳陣の中で唯一の女性だったドイツのアンゲラ・メルケル首相が笑顔で「あなたが料理をつくったのね。おいしかったわ」と、握手をしてくださったのが、今も心に残っています。伊勢志摩サミットでの食事は三重県の食材を使うのがテーマでしたから、これをきっかけとして生産者とのつながりがより大きくなりました。傷みやすいために地元でしか使われない食材をきめ細かくすくい上げて「この土地でしか食べられない料理」をつくること。そしてサステナブルな食材を使って、今ある食材を未来に残していくという生産者さんの思いを大切にすること。これらを自分らしさととらえて、料理を進化させていったのです。それが、この地で料理をつくってきた一人の人間として、自分にできる最大限の仕事だと思ったからです。前よりも足しげく生産者のもとに通うようになるにつれて、さらに自分の料理の幅が広がったように思います。たとえば摘果されてしまう未熟なミカンを料理に活かすといった、生産者とつながっているからこその食材の使い方も思いつくようになりました。産地を訪れる際はスタッフにも希望者を募り、一緒に行くようにしています。生産地とつながり、食材と向き合うという考え方を次世代につなげることも、私の仕事の一つだと考えているからです。

加えて、２０１８年に沖縄の久高島で行われた野外レストランイベント「ダイニングアウト」で料理を担当し、そこで、「ぬちぐすい」という考えを知ったのも自分の中で大きな出来事でし

16:30	夜営業のミーティング。
17:30	夜営業開始。
22:00	夜営業終了。全員で掃除を終え、その後、新メニューの試作や若手の指導を行い、退勤。
23:00	帰宅。「夫は数年前まで起きて待ってくれていましたが、最近は年齢もあって先に寝てしまっています（笑）」。ワイン、ビール、酎ハイなどを少し飲むが、健康を気遣ってつまみは納豆などにする。この時間に読書をすることも多く、ビジネス書を中心として、情報収集やリーダーのあり方などについての本を読む。
2:00	就寝。

た。ぬちぐすいは沖縄の言葉で「命の薬」という意味で、「命の薬になるような、食べると元気が出る食」を表します。沖縄に伝わるこの言葉にインスピレーションを受けて、2023年からラ・メールで提供し始めたのが「ぬちぐすい」をイメージした料理です。基本的には、季節の野菜や魚介などをさまざまな調理法で一皿に盛り込んだもの。この皿に象徴されるように、どの品も、子どもへ料理をつくる時の気持ちとも重なる想いを込めて料理をつくっています。

未来の女性シェフに向けて道をつくる

仕事をしている中で感じるのが、辛抱強く、頑張れる力がある女性料理人がとても多いこと。その根底には、もしかしたら「女性だからと言って下に見られたくない」という思いがあるのかもしれないのですが、自分の仕事をしっかりやり遂げる人が多いですね。

私自身を振り返ると、根本には料理が好きで、ただ料理をやり続けていきたいという気持ちが一番にありました。料理がつくれれば、組織の中の役割の一つでいい。というか、もともとは料理の一部分を担うだけでも十分に嬉しくて、初めから「料理長になりたい」という気持ちはありませんでした。しかし総料理長となった今は、若い世代のためにしっかりと道をつくりたいという気持ちが大きいです。組織の中で働いていますから、やはり一番上にいかないと、自分がこの場所でやりたいこと、考えることが実現できないからです。

料理の面でも同じことが言えます。自分の考えた料理がお客さまに喜んでいただけるという嬉しさは、同時にお客さまの大切な時間への責任も伴います。「女性は結婚・出産に伴うブランク

2018年に行われた「DINING OUT RYUKYU-NANJO with LEXUS」でシェフを務めた時の写真。野外レストランイベント「ダイニングアウト」はそれまでも数々のトップシェフが料理を担ってきたが、女性シェフは初めてだったという。

もあるし、そんな大変な思いをしてまで、ファインダイニング（高級レストラン）のシェフや料理長にならなくていい」と考える人が多いかもしれません。でも、トップにならないと自分の考えた通りの料理は出せませんし、特別な時間の演出をはじめ、ファインダイニングでなければ表現できないものもあります。カジュアルレストランとはまた違った大変なことがたくさんあるけれど、そのぶん満足してもらえる度合いも大きいと考えます。当ホテルのスタッフも、自身のプライベートの記念日などにここのレストランを利用してくれています。自分が体験した素敵な体験を、お客さまにも提供したいと思ってくれるのは嬉しいことです。

私は恵まれた環境で働けていることもあり、女性だからといってこの世界での特別な苦労はありませんでした。でも、私が学んだ調理師専門学校には350人くらい同級生がいた中、今もこうして厨房の現場の最前線で働いている女性は私だけです。ですから、女性が働きやすい組織づくりについて、より一層考えていきたいと思っています。今、私は総料理長であるとともにホテルの運営会社の取締役も務めているため、女性たちが安心して働ける場所を用意したい。若い女性料理人が働く中で、安心して結婚・出産できる環境を保証したい。スタッフの子どもの預け先なども考えていく必要があると思います。たとえば、子どもを両親などに預けることができるスタッフはいいけれど、近くに助け手がないスタッフはどうすればいいのか。ここは地方なので子どもの数が少なく、保育施設もあまり多くありません。そのため、最終的には近隣の企業と共同で託児所をつくれると、地域全体の活性化にもつながると思っています。当ホテルの部長・課長クラスには子育てが終わった世代がいるので、これから育児に向かう世代のためにどんなサポートができるかを一緒に考えているところです。

— Hiroe Higuchi —

人生における *My Rule*

1. まわりが求めることを先まわりして考え、動く
2. 地元で手に入るサステナブルな食材を使い、未来へ食材をつなげる
3. 次の世代の料理人が働きやすい環境づくりを心がける

自分の *Spécialité*《スペシャリテ》 について

三重県が世界に誇る食材、松坂牛。「地元を代表する食材なので、当ホテルへいらっしゃるお客さまにはぜひ召し上がっていただきたいものの、霜降りの肉質はフランス料理のコースの中ではどうしても重たく感じられ、残される方も多かった」。そこで、より軽やかな仕立てを追い求め、料理の締めにある「焼きおにぎりのお茶漬け」のようなイメージの料理に仕上げた。脂身の少ないフィレ肉を選び、三重県産の備長炭の炭火で焼いてからスライス。リゾットを香ばしく焼き上げた「焼きおにぎり」の上にのせている。さっぱりと食べられるように、薬味のような感覚で刻んだネギをのせ、トマトウォーターで割り、カツオ節の香りをつけたビーフコンソメを客前で注いだら完成。ビーフコンソメの味のベースにあるのは、高橋忠之総料理長直伝のチキンブイヨン。丸鶏から丁寧にダブルコンソメの手法でとったもので、同ホテルに受け継がれるほとんどの料理の味のベースにもなっている。なお、G7伊勢志摩サミットの際に三重県の生産者を数多く訪れたことでできたつながりを表現するために、三重県で伝統的な「手火山製法」と呼ばれる伝統的な燻し方でつくられているカツオ節を使用。高橋総料理長がアワビやイセエビなどの地元の海産物をフランス料理に取り入れたのと同じように、地元の文化とフランス料理を融合させながら、自分らしく表現したいという思いを込めた。

つくり方（概略）

1 丸鶏（ひね鶏）を四つ割にし、タマネギ、ニンジン、セロリとともに水から2時間煮出し、冷ます。漉してから、そこにさらに同じ材料を加えて、2時間煮出したものをチキンブイヨンとする。

2 **1**のチキンブイヨンに牛のフィレひも肉を入れて加熱し、香味野菜、牛のスネ肉のミンチを加え、漉してビーフコンソメとする。

3 **1**と**2**にトマトウォーター（フレッシュなトマトをミキサーにかけ、果肉の重みで自然に漉して抽出した水分）を足して温め、地元産の血合い抜きのカツオ節の削り節を加えて香りを移す。

4 脂が少なめの松阪牛のフィレ肉を、備長炭（生産者から直接仕入れる、三重県産のもの）で焼き上げる。

5 米（三重県産「結びの神」）、もち麦（三重県志摩産「米澤もち麦」）、パルミジャーノ・レッジャーノでリゾットをつくり、バットに薄く流してセルクルで抜く。たっぷりのオリーブオイルを敷いたフライパンで、表面を香ばしく焼く。

6 皿に**5**をのせ、一口大に切った**4**を重ね、焦がしバターと**2**のビーフコンソメでつくったエスプーマを添える。青ネギ、付け合わせの季節野菜（この日はナノハナの塩ゆで）、厚削りのカツオ節を飾る。提供し、客前で**3**を注ぐ。

松阪牛フィレ肉 伊勢志摩備長炭焼
焼きリゾットと鰹のコンソメとともに

中国料理 美虎《みゆ》 オーナーシェフ

五十嵐 美幸

1974年生まれ ● 東京

広味坊×美虎　東京都世田谷区砧6-39-3
熱海美虎本店　静岡県熱海市中央町16-3

22歳で人気料理番組に出演し、中国料理人として時代の寵児となった五十嵐美幸さん。突如「中華料理界の女傑」という肩書きが冠され、有名になったからこそ多くのバッシングがあった。加えて実家の中国料理店の後継としての期待も背負う。すべてのプレッシャーを跳ね除けるべくがむしゃらに働くうちに五十嵐さんは心のバランスを崩し、幼い頃から大好きだったはずの料理が、いつしか苦しいものになっていたことに気づいた。そこで「他人の価値観に合わせず、自分が信じることをやろう」と、実家を出て、自らの店「中国料理 美虎」を開業。油と調味料を控えた「毎日食べられる健康的な中国料理」というコンセプトが人気を博すようになる。しかし、そんな五十嵐さんを、今度は病魔が襲った。難病になり厨房に立つことを医師から禁止される中、私生活では子どもを授かり、子育ても始まる。体調と相談しながら子育てと料理の仕事を両立する選択が可能であることを証明したいと、東京の店を自宅兼会員制レストランという形に変え、夫とともに他にも数店舗を運営しながら料理監修やレシピ開発といった多様な業務に携わる。今後は、女性料理人が働きやすい環境づくりをめざした支援団体の設立など、女性の力を活用してよりよい食を未来につなぐための活動にも力を注ぐ構えだ。

いがらしみゆき

1974年、東京都生まれ。東京都立農業高校食品製造科卒業。小学生の頃から実家の中国料理店を手伝い、自然に料理人を志す。1997年、フジテレビの番組「料理の鉄人」に当時最年少の22歳で出演し、「中華料理界の女傑」として大きな注目を集めた。2008年にオーナーシェフとして東京・幡ヶ谷に「中国料理 美虎」をオープン。野菜を多用した健康的な料理が評判を呼ぶ。現在は夫の地元静岡・熱海に2店を構える他、東京の自宅兼ラボで料理監修などの仕事を多数行いつつ、実家の店「広味坊」のプロデュースを手がける。

学校終わりに実家の中国料理店を手伝う日々

私の原点は、両親が東京・千歳烏山で営む中国料理店「広味坊」。私は4人きょうだいの長女で、子どもの頃から、10歳下の弟の面倒を見ながら、忙しく働く両親の料理を手伝うのが当たり前の生活でした。親の方針も「学校の宿題よりも、家の手伝いをして」という感じだったので、小学校低学年の頃からチラシ配りや肉まん・餃子包みを手伝い、高学年になるとすでに営業中にホールに立ってサービスをしていました。お金をいただく時、お客さまから「ありがとう」や「おいしかったよ」と言われることが本当に嬉しかったです。

忙しさもあったのか、両親はよく喧嘩をしていました。子ども心に「そんなに喧嘩するくらいなら離婚すればいいのに」と思い母に尋ねると、「女は一人では食べていけないから離婚はできない」という言葉が返ってきました。女性であるというだけで、自分の人生の選択もできないなんて。自分は男性に負けない技術を身につけ、自分で選び取った人生を送ろうと心に決めました。

父は、嬉々として料理を手伝う私を後継ぎにしようと考えていたのでしょう、食材の選び方や、自分が編み出した調理法を教えてくれました。次第に父とともに本格的に厨房に立つようになり、学校が終わったら店に直行して料理をつくる日々。何かをやろうと決めたら突き進むタイプで、当時は料理のことしか考えていませんでした。

高校を選択する時も、料理を学べるところをと考えて、東京都立農業高校食品製造科に進学しました。和洋中とバラエティ豊かな料理や中国料理ではつくらないお菓子を学べたのは楽しくて、世界が広がりました。それと同時に、父とともにいろいろな店を食べてまわりました。その中で

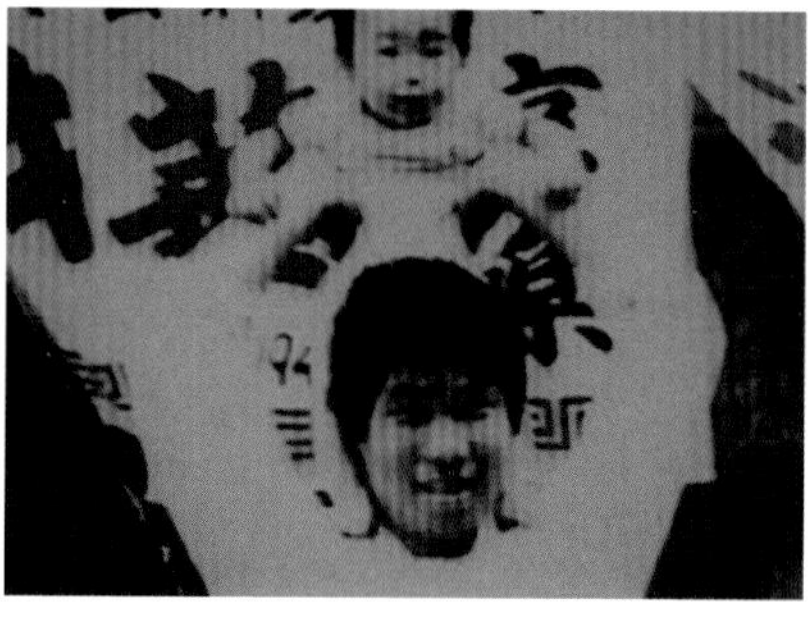

小さい頃、父親とともに撮った一枚。もう少し成長してからは、実家の店を手伝うようになる。

衝撃的な出合いだったのが、吉祥寺にあった中国料理店「知味 竹爐《ちくろ》山房《さんぼう》」です。化学調味料を使わず、旬の食材を活かすことはもちろん、オーナーシェフの山本豊さんは中国の歴史や文化に根ざした料理をつくる方でした。私が将来つくりたいのはこういった料理だと感じて、実家の店の定休日を利用して料理を教わりに行きました。ここでは料理をつくる上でのものの考え方に加え、のちに私の料理の柱となる、医食同源、油や調味料を控えた健康的な中国料理への思いが生まれていきました。

なお、父は体調を崩すことが多く入退院を繰り返していて、何かあったら私が店を守らなくてはいけないという責任感も一際大きかったですね。当時女性の中国料理人は少なかったのですが、「女性だから中国料理はできない」とは言われたくなかった。男性の料理人に負けないように、と高校卒業後は父の店でがむしゃらに働きました。

転機となったテレビ番組「料理の鉄人」への出演

そんなある日、繁盛していた店の噂を聞きつけて、テレビ番組「料理の鉄人」のスタッフの方が父に出演依頼をしてくださいました。しかし父は入院中だったので、難しいと私が伝えたところ、22歳の女性料理人というのはおもしろいと、私に声がかかりました。鉄人と呼ばれるような偉大なシェフに勝てるわけがないと最初はお断りしていたのですが、私が出ることで、若い人、特に女性に「私にもできるかもしれない」と夢を持ってもらいたいと思って、悩んだ末にお受けすることにしたのです。

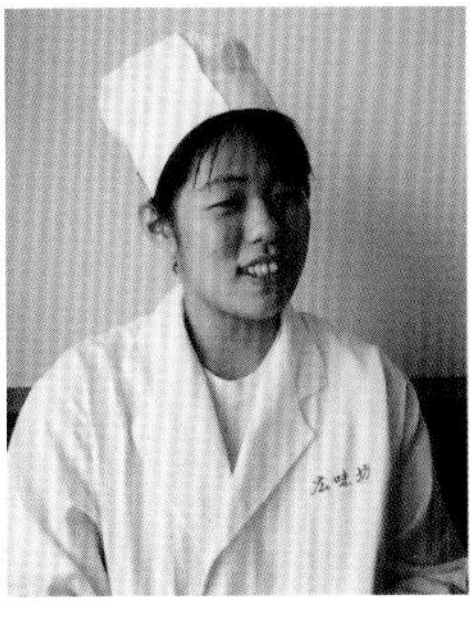

実家の「広味坊」で働いている頃の五十嵐さん。とにかく料理にのめりこんでいた時代。

それが、人生の大きな転機になりました。対決する相手はあの「四川飯店」の陳建一さん。その回のテーマ食材はキュウリで、私は山本さんから学んだ「季節の食材をおいしく」という考えを応用して、キュウリのいろいろな面を引き出す料理をつくりました。しかし結果は敗北。後から、それには審査委員の食生活ジャーナリスト、岸朝子さんの特段の配慮があったと聞きました。私が若いため、審査委員が応援してくれたふしがあったようで、最初の集計結果は同点だった。でも岸さんが「彼女がもしここで勝ってしまったら、彼女の人生はめちゃめちゃになってしまう」と言って、思いっきり点数差をつけたんだそうです。結果的には負けてその時は残念でしたが、岸さんの言葉の優しさと重みを、のちにひしひしと感じるようになりました。

負けてしまったにもかかわらず番組で注目が集まり、父の店はさらに大繁盛。銀行も追加融資をしてくれて、両親は喜んで店を拡大し、私は新しく祖師ヶ谷大蔵にオープンした支店を任されることになりました。若く、十分な経験があったわけでもないけれど、みんなの期待に応えなくてはいけないという気持ちが強かった。さらに、番組で目立ったぶん、同業者から「女性だから注目されただけ」とバッシングされることも増えました。その悔しさもあって「性別なんか関係なく、意地でもおいしいものをつくる。それには人の何倍も努力するしかない」ととにかく働き続けましたね。

そうしているうちに、いつしか体も精神も追い込まれてホルモンバランスが崩れ、自律神経失調症や生理不順などに苦しむようになりました。料理が楽しくて大好きだったはずなのに、気づいたら、料理が辛いものになっていたんです。岸さんには、きっとそういう未来が見えていたんでしょう。あの時、負けたのにこうなのですから、もし勝っていたらと思うとゾッとします。きっとこの何倍ものストレスにさらされて、辛すぎて料理をやめていたと思います。

そんなときに助けてくださったのは、業界の先輩たちです。料理の鉄人がきっかけで親しくさせていただくようになった陳建一さんもその一人でした。私がつくるのは、日本の季節の食材の味を引き出す中華料理ですから、それまでは「中国のどの地方の料理なんですか」と聞かれても答えられませんでした。そんな時に陳さんが「そんなの関係ない、美幸がつくる料理は、美幸の中華だ」と助け舟を出してくださったんです。また、他の先輩たちも「お前が女性料理人として頑張っていくことで、女性の料理人がきっと増えていくから」と応援してくれました。

「人の幸せをつくるのが料理人。まずあなたが幸せになりなさい」

また、父との意見の食い違いも、当時料理が辛かった原因の一つです。私はもっと健康的で、毎日でも食べられる料理を出したいと考えていたんですが、父からは「お客さんがそんな料理を食べに来るわけがない」と言われて。互いに理想とする料理が離れていってしまったんです。

そうして悩みながら30歳を迎える頃、お世話になっていたお店の女将さんに「人の幸せをつくるのが料理人の仕事でしょ？　だったら、まずあなたが幸せになりなさい」と言われたんです。その一言で、自分の価値観がガラガラと崩れるのを感じました。ずっと父の店を支えるために頑張ってきたけれど、生まれて初めて「自分にとっての幸せってなんだろう」と考えるようになったんです。一度何もかも捨ててゼロになろう、料理からも離れようと決めて、実家を出ました。

でもまあ、やっぱり私は、根っからの料理好きなんですね。3日もしないうちに、料理がつくりたくて仕方なくなって、友達の家に料理をつくりに行きました（笑）。そうして出張料理をやるうちに、自分らしい表現をするには、やはり店が必要だと思うようになって。全財産を実家に置いてきたので友達から資金を借りて東京・幡ヶ谷に開店したのが「中国料理 美虎」です。

実家の「広味坊」という看板がはずれたことで「私は私でいいんだ」と思えるようになりました。心のありようも変わって、あれほどストレスになっていた批判も素直に聞けるようになった。ありのままの自分で生きられる幸せを初めて感じました。「毎日食べて体が元気になる中華」とコンセプトを絞り、自分のやりたいことに対して、真っ直ぐ取り組めるようになったのも大きかった。美虎ではお客さんの声を聞きながら、だんだんと自分の料理をつくり上げていきました。

難病と診断され、働き方を変える

独立して4年ぐらい経ち、やっと波に乗ってきたという矢先。厨房でうずくまってしまうほど、腕に激痛が走るようになりました。スポーツトレーナーについてもらって肩の筋肉をつけてみたのですが、どうしても治らない。その場しのぎの鎮痛剤を打ちながら料理を続けていたのですが、そのうちどうしても耐えられなくなりました。そこで病院で精密検査をしたところ、後縦靭帯骨化症と診断されました。重い鍋を振り続けたことによるものです。骨化してしまった首の軟骨を削り取り、そこに骨盤の骨を移植して補強する手術を2回行い、そのうちの1回は10時間にわたる大手術で、リハビリも大変でした。

医師からはこの仕事を続けてはいけないとストップがかかり、がむしゃらな体力勝負の仕事が

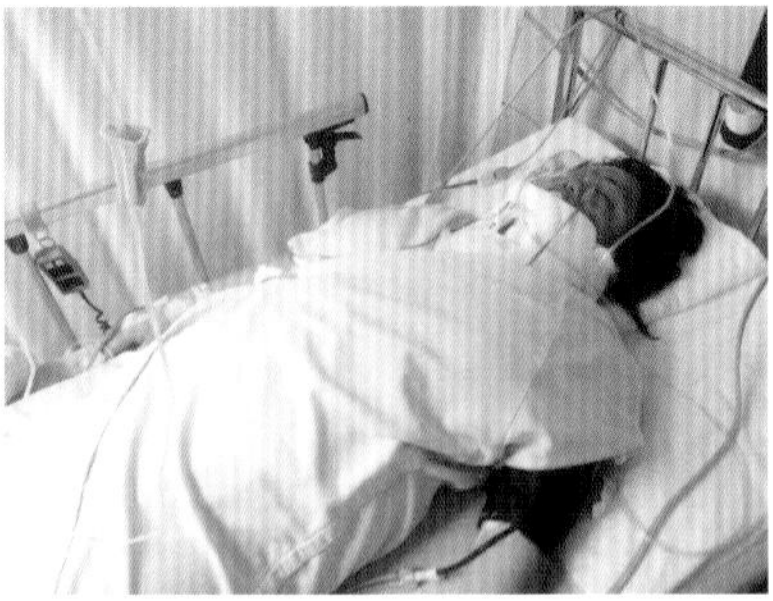

難病である後縦靭帯骨化症の手術をした時。頑張りすぎた体が悲鳴を上げていた時期だ。

自分史年表

1974年生まれ　五十嵐美幸

15歳	東京都立農業高校食品製造科に入学。
18歳	高校卒業後、料理人として正式に実家の店「広味坊」の厨房に入る。
22歳	フジテレビ「料理の鉄人」に当時最年少の挑戦者として出演。以降、数々の雑誌、テレビ番組に出演。 Turning Point
34歳	実家から独立し、東京・幡ヶ谷に「中国料理 美虎」開業。 Turning Point
37歳	後縦靭帯骨化症を発症。無理ができない体になり、働き方を大きく変えることになる。 Turning Point
38歳	神奈川・川崎の武蔵小杉にプロデュース店「レストランミュー」を開業。
40歳	12月末に男児を出産。翌1月には復帰し、精力的に活動を再開。
42歳	タイ・バンコクにてプロデュース店「MIYU」オープン。
43歳	銀座に「チャイニーズダイニング美虎」オープン。
44歳	幡ヶ谷の中国料理 美虎を移転。2階に自宅がある一軒家で会員制レストランや料理教室を開催。一般社団法人ChefooDoでの食育活動などにも幅広く参加。
47歳	銀座店を熱海に移転。「熱海美虎本店」と「熱海駅前店」をオープン。
50歳	引っ越しし、東京・世田谷区（住所非公開）に料理研究スペースと料理教室をオープン。「広味坊　祖師ヶ谷大蔵店」を「広味坊×美虎」としてプロデューススタート。

できなくなったことで、働き方が変わりました。一言で言うと、「できることをやればいい」と開き直れるようになったんですよね。自分が鍋を振れないのなら、信頼できるスタッフに任せればいい。それまではすべて自分がやらなければ気が済まなかったけれど、病気になって、やっぱり無理はいけないと学びました。人に頼む勇気を持てるようになったとも言えます。辛い時は辛いと手を挙げて、助けを求めようと思えるようになったのが、一番の大きな学びです。

また、ちょうどこの頃に、仕事を通して知り合ったテレビ局のディレクターと結婚しました。30代の後半に入っていたので、子どもが難しかったら夫婦2人で生きていこうと思っていたのですが、幸いなことに授かることができた。もともと小さい頃から歳の離れた弟の面倒を見ていたので、当時は、仕事と子育てを簡単に両立できると思っていたんです。

でも生まれてみたら、本当に大変で。忍耐力も試されますし、子育てではなく「親育て」という言葉に心から納得しました。一方で夫も、テレビの番組制作という時間の読めない仕事をしている。これからどうやっていこうと夫と話し合い、夫が会社を辞めて、店の経理などの事務作業を担当し、子育ても二人三脚で一緒にやっていこうと決めました。

思いがけず、実家の店にあらためて携わることに

２０１８年に幡ヶ谷内で移転したのは、難病と付き合いながら、母であることとシェフであることを両立させるためです。店舗兼住居として一軒家を建てて、みんなに協力してもらいながら、私がそばにいたいと思った時に子どものそばにいられる環境をつくりました。毎日店を営業し、

一日のスケジュール

6:30
朝方の子どもの起床に合わせて起き、朝食。おにぎりやホットドッグなどを一緒に食べる。子どもの宿題のサポートをしてから、学校に送り出す。

8:00
マネージャーでもある夫と1日の流れについて自宅で打ち合わせをし、近所の公園に出かけて30分〜1時間ほどウォーキング。戻り次第掃除。

9:30
仕事開始。内容は日によってまちまちで、現在は多く、レシピ開発などの仕事が多く、特別に改装した自宅のキッチンで試作を行う。熱海の店には週に1度顔を出す。

18:30
家族で夕食をとる。試作品が食卓に上ることも。食事の後にそのまま試作を続けることもある。

シェフとして厨房に立つのは体の負担が重すぎるので、普段は自分のペースでできる商品開発やレシピづくりの仕事をして、月に5〜10日会員制レストランを営業。店が1階ですぐ上が住居なので、営業中に少し仕事を抜けて、子どもをお風呂に入れることもありました。そうすることで、仕事も家庭も、いいバランスでまわるようになりました。

今は別の場所に引っ越し、幡ヶ谷の美虎は2024年3月に閉店しています。というのも、2022年に父が亡くなり、実家の店、広味坊を今一度手伝ってほしいと妹から連絡があったのです。実家を出て16年、2店舗ある中でも、特に私が初代シェフとして立ち上げに関わった祖師ヶ谷大蔵店には愛着がありました。そこで、祖師ヶ谷大蔵店を「広味坊×美虎」という名前に変えて私がプロデュースし、新しいスタートを切ることにしたのです。

広味坊は、昔ながらの高級中華で、今の私のスタイルと比べると、油も調味料もしっかり使います。もちろん、お客さまはそれが好きで来てくださっているので、急にガラッと味を変えることはしません。まずは食材の下処理や保存といった基礎的な部分を見直していき、月に1〜2回、フェアのような形で私が料理を振る舞って、お客さまの反応を見たいと思っています。その上で、広味坊のよいところを残しながら、私らしい「毎日食べても疲れない健康的な料理」を表現していければと思っています。

また、コロナ禍で実感したように、料理業界は社会情勢に大きく影響を受けるもの。状況に応じた柔軟な対応も大切だと思い、2021年、銀座店を夫の実家のある熱海に移転しました。こちらでは静岡の食材をどうやっておいしく仕立てるか、ということをテーマにしています。

20:00
子どもをお風呂に入れ、21時半頃に子どもを寝かせる。

22:30
再び仕事に戻り、レシピ作成や料理の試作などを行う。

0:00
就寝。

修業の仕方、働き方は、料理人ごとに違っていい

今、私は自宅のラボで料理監修やレシピ開発の仕事を行い、静岡の店舗にも顔を出し、広味坊のプロデュースも進めるというように、毎日いろいろな仕事を並行して進めている状態です。シェフとしての働き方は「こうあるべき」なんて誰が決めたわけでもないですから、もっと料理人の仕事を柔軟にとらえられる人が増えたら、料理界で働き続けられる人が増えると思います。たとえば「ずっと店にいてひたすら厨房で鍋を振り続けるのがシェフの正しい姿」というような固定観念に囚われてしまうから苦しくなる。それよりも「私はこうしたい、こう働きたい」とはっきり伝えることが大切だと思います。特に女性は結婚・出産という要素も入ってきますので、女性の料理人は自分の働き方が、男性の料理人はそれに悩む女性スタッフの扱い方が、わからずに困っているケースがあると感じます。お互い、まずは言葉に出して、自分を知ってもらうこと。私自身、子どもも仕事も大切で大好き。それを誠実に伝えて、相手に理解してもらう。スタッフや仕事相手だけでなく、お客さまにもです。それが嫌な方は来なくなってしまうかもしれないけれど、それは、私が私らしく料理をつくる上で仕方のないことです。

これまでは、いわゆる「一流の料理人」と言われるためには、生活の多くを犠牲にして厳しい修業をするしかなかった。もちろん、その経験値は大切です。でも、人はみな違う個性を持っているのだから、修業の仕方は人ごとに違っていいと思う。たとえば毎日ではなく週に3～4日勤務とする代わりに、人よりも長い時間をかけて技術を習得する人がいたっていい。日本の料理人、特に女性は、真面目さゆえか短期間に集中してがむしゃらに頑張ることが多く、その代わり一気

現在はレシピ開発や店舗プロデュースの仕事が多いが、今後もプロデュース店のフェアなどで腕を振るい続ける。

に疲れてしまいやすい傾向があると感じています。人生は長距離走ですから、目先の結果を求めすぎると苦しくなりますよね。自分に合う学び方、働き方を知ることが大切だと思います。そうすれば結果として「料理人としての生き方」に多様性が生まれ、料理界から離れる人が少なくなる。全員がとにかく集中して厳しい修業をしなくてはいけないという文化のままだと、人が離れていき、日本の食自体が衰えていくとすら思います。料理人として長く働くためには、自分が幸せに仕事をするのが一番だと思います。

食に関わる女性の団体をつくり、誰もが働きやすい世界へ

年齢とともに、社会の中で果たすべき役割についても深く考えるようになりました。これまでに一般社団法人ChefooDo《シェフード》という団体に参加して食育などの活動を行ってきましたが、今はちょうど食に関わる女性の団体の立ち上げをめざしている最中です。女性シェフの置かれている状況を変えることを大きなコンセプトとして、具体的に目標としているのは、女性が輝ける「場」の提供。たとえば短い単位で個人が借りられるレストランのようなスペースを持ち、日替わり、週替わり、月替わりでシェフが変わるスタイルの営業を行えるといいなと思っています。というのも、お店を出したりどこかに勤めたりするのは難しいけれど、それでも料理の仕事をしたいと感じている女性が必ずいるからです。体調を崩して料理人としてのキャリアにブランクがあったり、出産や介護などで長時間働くことができなかったり。そういった人たちが、いつでも料理の現場に戻ってこれて、料理を仕事にできる場所をつくりたいです。

人生における *My Rule*

1. 過去は振り返らない（一度つくった料理も忘れ、新たな発想を引き出す）
2. 仕事には心を込め、「作業」にしない
3. 自分の心が健康でないと感じる時は、口に出してまわりに助けを求める

自分の Spécialité《スペシャリテ》について

料理は、たとえば「こたつでミカンを食べた思い出」など、自身の幸せな記憶から思いつくことが多く「食べる人にどこかノスタルジックな思いを抱いてもらえたら嬉しい」と五十嵐さん。また、旬の食材にはその時季に人の体が必要とする栄養素が含まれていると考え、旬の食材を取り入れるのが身上だ。この品は夏場のメインディッシュとしてつくった料理で、四川料理の「よだれ鶏」の鶏を牛に置き換えた一品。花椒や黒酢を使ったよだれ鶏定番のソースに、黒ニンニクのコクを加えてまわしかけている。その時の天気や食材の風味でアレンジは変わり、牛以外にも「よだれナス」など、さまざまなバリエーションが存在する。今回は「夏に遊園地に行って、楽しく遊んで汗をかいた後に食べるイメージ」で仕立てており、薄切りの牛肉に、スイカ、そして同じく夏が旬で、赤い色が共通する食材のトマトを合わせた。スイカとトマトが持つみずみずしさの中にある自然な甘みと旨みが共鳴しつつ、食感の違いが際立ち、その上に牛肉のサシのコクとまろやかさが重なる。「牛肉、スイカ、トマト」というあまり見られない食材同士の組み合わせには、新しい味わいを提案する意味も込められている。味づくりにカツオの魚粉を使っているが、これは支店のある熱海で魚が減少している海の現状を知り、通常廃棄されてしまう部分を無駄なく活用する目的だ。また、このように油脂や砂糖、塩といった調味料の代わりに日本のだし素材の旨みを生かす「だし中華」というスタイルを、今後海外でも広めていきたいという願いがあるそうだ。

つくり方（概略）

1 カツオの魚粉とオイスターソース、塩を混ぜたものを炒める。

2 牛の肩ロース（今回は上富良野牛を使用）を薄切りにし、**1**を牛肉の上にかけ、バーナーで炙る。

3 皿にざく切りにしたフルーツトマトとスイカをのせる。

4 **3**の上に**2**の牛肉をふんわりと盛りつける。

5 薄く斜め切りにした長ネギ、ちぎった香菜、ミョウガの甘酢漬けのスライスを飾り、花椒、黒酢、醤油、黒ニンニク、チリオイルを混ぜたソースをまわしかける。

よだれ牛

été《エテ》 オーナーシェフ

庄司　夏子

1989年生まれ ● 東京

été　東京都渋谷区西原3-23-1

食の世界のみならず、各界の世界中のスターやセレブリティがこぞってひそかに訪れる店がある。東京は代々木上原、1日1組限定でおまかせコースを提供するレストラン「エテ」だ。オーナーシェフは、フランス料理の世界で修業を積み、若干24歳で独立した庄司夏子さん。「知名度がない自分がこの先成功するためには代表的な作品が必要」と考えて、独立当初は、今や彼女の代名詞となったバラの花を模したマンゴータルトの販売からスタート。その後、6席の小さなレストランをオープンさせた。庄司さんには「料理にもアートと同じような価値を持たせたい」という目標がある。ファインダイニングが進化し、店が飽和状態にある現代。トップレストランの料理にはアートのような美しさとファッションのようなモード性、そしてシェフにはアスリートのようなタフさとメッセージを伝える表現力までが求められる一方で、料理やシェフの地位・立場は、それらの分野と比べて依然として低い。「アートの現場も、厨房も、食材生産地も、その裏に職人技とも言うべき地道な手仕事とそれを支える人の情熱があるのは同じ」だと感じてきた。だからこそ、これまで光が当たってこなかった料理人の手仕事や食材生産者の地位を高め、担い手が減りつつある手仕事のすばらしさを次世代に継承したいと考えている。

しょうじなつこ

1989年、東京都生まれ。駒場学園高校食物調理科に進学。在学中から東京・代官山「ル・ジュー・ドゥ・ラシエット」でアルバイトをし、卒業後は南青山にあった「フロリレージュ」などでフランス料理の研鑽を積む。2014年、24歳でオーナーシェフとして「été」をオープン。最初は予約制の持ち帰りケーキ専門店としてスタートし、翌年に同じ場所を改装してレストランに。2019年に移転。アジアのベストレストラン50で、2020年にベストペストリーシェフ、2022年にベスト女性シェフに選ばれる。海外でのイベントやシェフたちとのコラボレーションも多い。

現実逃避のために見ていたファッションショーで職人の世界に憧れる

私が生まれ育ったのは、一般的なサラリーマン家庭。父は都内のホテルの宴会の責任者をしていて、母は専業主婦でした。とはいえ、2歳下の妹は知的障がいがあり、さらに自閉症、過食症、拒食症をわずらっていて、なかなか厳しい環境でした。妹は感情をうまく表現するのが難しく、時折暴力的になることがあり、警察を呼ばなくてはならなくなったことも何度かあります。そんな状況で、家では気が休まる時がありませんでした。

学校では明るく振る舞っていましたが、そんな悩みを話しても、本当にわかってくれる人がいないという孤独感は常に感じていました。小さい頃は映画やアニメ、漫画に没頭し、10代になってからは動画でファッションショーを見るのが、私の現実逃避法になりましたね。隣の部屋で妹が暴れ、そのストレスから次第にアルコールに溺れるようになった父が大声を上げていても、ショーを見ている間だけは、すばらしい別世界を体感できる。心が安らぐ、ひとときの楽園にいるようでした。特にハイブランドのショーは、そのスケールが桁違い。もっとファッションの世界を知りたくて、バックステージについての映像などを見るようになると、その美しい世界観が、職人たちの細かい手仕事によってつくり出されているということに気づきました。「私も自らの手で、美しい世界を生み出したい」。そう思い、職人仕事に憧れるようになりました。

そんな頃、中学の家庭科の授業でシュークリームをつくる機会があって。オーブンの中でシューが膨らむのを見るのが楽しくて、帰宅してからも、家の台所でたくさんつくったんです。翌日クラスの友達に配ったら、みんなが絶賛して「なっちゃん、ケーキ屋さんになりなよ」と言って

「エテ」の店内には、店のためにオーダーで仕立ててもらったアート作品を設置するスペースがある。写真の盆栽のオブジェは1つの御影石から掘り出したもので、日本で石を加工する職人の高い技術があってこそのアート。そこには、職人技の価値を高めたいという思いがある。

くれた。人にものをつくることで誰かを喜ばせることができたことが、純粋に嬉しかったですね。それで、憧れのファッションの世界ではないけれど、ハイブランドの洋服と同じくらいきれいなケーキをつくる仕事もいいかなと思い、調理師免許が取れる高校の食物調理科に進みました。

一心不乱に働くあまり、家族の最後に立ち会えず

在学中に料理の楽しさに目覚め、パティシエではなく料理人を志すように。料理人を育成する学科なので、もちろん学校でも料理を学ぶのですが、少しでも早く実践的な仕事を覚えたくて、都内のフランス料理店の厨房でアルバイトを始めました。その時は、まさに無我夢中で仕事をしていました。移動中の電車の往復の時間も少しも無駄にしたくなくて、栗の殻やソラマメの皮をむくといった作業をしていましたね。制服を着た高校生が一心不乱にソラマメの皮をむいている様子はかなり目立ったと思いますが、それくらい、早く料理ができるようになりたかった。卒業後は、気鋭のフランス料理店のオープニングのメンバーとして加わることになりました。『ミシュランガイド東京』の出版が始まった頃で、お店もとても忙しく、家に帰ってもシャワーだけ浴びて少し仮眠し、また店に行くという生活を続けていました。

そんなある日、仕事中に母から突然「お父さんがもうすぐ死ぬかもしれない」と、携帯にメッセージが届きました。実家から通っていたにもかかわらず、仕事が忙しくて気づかなかったのですが、父は肝硬変で入院していたのです。それでも当時、職場の厨房は3人だけで、私はスーシェフとして責任ある立場を任されていたので、すぐに現場を離れるわけにはいきません。なんと

店内のテーブルを照らすメインライトはアンティークのもの。

か営業の合間をぬって、父が入院している病院に駆けつけると、私の顔を見た父は、傍にいた母に「この女性は誰？」と尋ねたのです。まだ父の意識はしっかりしていたのですが、それくらい、父と顔を合わせていませんでした。

その後も父は入院が続いたのですが、店は相変わらず忙しいし、病院は店から遠かったので、あまり足を運べずにいました。何より自分自身、「私の家庭の個人的な事情はお客さまに関係ない」という思いが強かったこともあります。

そんな日々が続いたある日の夜中、母から「お父さんが、今死ぬかも」とメッセージが入った。それにもかかわらず、私は日頃同様「私個人の事情に振りまわされてはいけない」と考え、店のお客さまを優先しました。そして翌日の昼営業が終わってから携帯を見ると、父が亡くなったという連絡が入っていました。

店を辞めるも、ケーキづくりや出張料理の依頼が舞い込む

急いで夜営業の仕込みを終えてから病院に行って、亡くなった父と対面し、冷たくなった父を見て我に返りました。仕事を優先して、父の死に目にも立ち会わなかった。「自分は人間として大丈夫なのだろうか」と思いました。それが、自分を初めて俯瞰で見た瞬間だったと思います。このまま同じように働き続けたら、これまで一生懸命働いて支えてくれた大好きな母にも同じことをしてしまうのではないか。そう考えたら急に怖くなり、今すぐ店を辞めたい、辞めるべきだと思った。店で自分が関わっていたすべてのレシピを紙に書いて、ファイルにしてから、店を辞

めました。

突然店を辞めたのですから、同じ業界の他の店で料理人としては働けませんでした。そこで、2年ほどはホテルの中国料理店でホールのアルバイトをしていました。そんな時に、前職時代の常連さんが結婚することになり、結婚パーティーをするからウェディングケーキをつくってほしい、と依頼があったのです。一生に一度のことを自分に頼んでもらえたのが嬉しくて、二つ返事で受けました。でも、家の小さなキッチンだと、さすがにウェディングケーキはつくれない。そこで母校の高校に相談して、調理実習に使う厨房を借りました。依頼主の方は私がつくる焼き菓子を気に入ってくれていたので、焼き菓子を活かしたウェディングケーキをつくりたいと考えました。つくったのは、ピラミッド状のミルフィーユを割ると、中から参列者の人数と同じ約50人分のヌガーやガレット・ブルトンヌが出てくるというもの。お世話になった方のために、誰も見たことがないようなウェディングケーキをめざしました。

この出来事は、自分自身を見つめ直すことにもつながりました。やっぱり自分は、人に何かをつくって喜んでもらえるのが好きなんだ、と実感したのです。そして、会場でこのケーキを見た人たちからいろいろな注文が来るようにもなりました。ケーキだけでなく、出張料理やパーティーのケータリングなどもです。次第に、ホテルのアルバイトは休まざるを得なくなり、やはり、レストランをやりたいと思うようになりました。

世界的なスターシェフ、「noma」のレネ・レゼピさんとの一枚。庄司さんは現在海外での仕事も多く、海外のシェフたちと積極的なコミュニケーションをとっている。

マンゴータルトで知名度を上げてから、レストラン営業を開始

その時は、有名になりたいとか、将来の夢だとか、何も考えていなくて、生きることに精一杯でした。父を失って、障がいのある妹もいるので、私が一家の大黒柱として働かなければという思いも強かったです。レストランをオープンするにはお金が必要ですが、私は20代前半、料理長経験もなく、そんな女性にポンとお金を貸してくれる金融機関はありませんでした。やっとのことで日本政策金融公庫から借りられたのは1000万円。男性の先輩からは、4000万円以上借りられたと聞いたこともあったのに、です。

ただ、多いにしろ少ないにしろそれは結局借金ですから、借りたら借りたでそんな莫大な金額を返すことができるのだろうか、と眠れなくなることもありました。何よりも心配だったのは、母のことです。私が借金を背負ったら母に迷惑がかかる。失敗は許されないし、「失敗したら死ぬしかない」と本気で考えていました。妹もいるし、母に迷惑をかけたくない。そう思って、母が1000万円を受け取れる生命保険に入りました。そのくらい、成功するか死ぬかしか考えていなかったんです。

では成功するにはどうすればいいのか。レストランとして営業し成功するには、人手がいると考えました。しかし、24歳の女性シェフの下で働いてくれるスタッフを見つけられる気がしなかった。だったら、まずはレストランではなく一人でもやりやすい予約制のケーキ店としてオープンしてお金を稼いでから、レストランに変えようと思いました。そうして2014年、東京・渋谷区のマンションの一室を借りてオープンしたのが「エテ」です。

庄司さんの代名詞ともなったマンゴータルトや、その他、季節のフルーツを使ったタルト。正方形のボックスに美しく詰められているのが特徴だ。

自分史年表

1989年生まれ　庄司夏子

15歳　駒場学園高校食物調理科入学。在学中からフランス料理店「ル・ジュー・ドゥ・ラシェット」でアルバイトをする。

18歳　高校卒業後、フランス料理店「フロリレージュ」で勤務。のちにスーシェフに。

23歳　父親が亡くなり、店を退職。ホテルの中国料理店のホールアルバイトをする。知り合いのウェディングケーキをつくったことをきっかけに出張料理やケーキづくりの依頼が舞い込む。

Turning Point

24歳　「エテ」オープン。最初は予約制のケーキ店としてオープンし、のちにレストランに改装。レストランはケーキを購入したことがある人のみが予約できるシステムとした。

Turning Point

30歳　店を代々木上原に移転。

31歳　アジアのベストレストラン50でベストペストリーシェフ賞を受賞。33歳の時には、同アワードのベスト女性シェフ賞も受賞する。世界で注目を浴びるにつれて、海外での仕事も増えた。

Turning Point

また、私自身に知名度があったわけではないので、知名度を上げて成功するためには、一目で「あのシェフのケーキだ」とわかってもらえるような代表的なケーキが必要だと考えました。それで生み出したのが、薄くスライスしたマンゴーでバラの花をかたどったマンゴータルトです。まずは「庄司夏子＝あのマンゴータルト」というイメージを持ってもらおうと、最初の数年間は、店で販売するだけでなく、百貨店の催事などのイベントがある際には必ずこのマンゴータルトを打ち出しました。メディアに取り上げてもらう際も、お願いをしてマンゴータルトの写真は必ず入れてもらいました。

父の日、母の日にはスタッフに特別手当を支給する

その他にも、ファッションスタイルから着想を得たデザインのタルトをオリジナルでつくり、そのブランドに持ち込んでコラボレーションの仕事を成功させるなどして、徐々に店の知名度を上げていきました。そうしてお金を貯めて、翌年にはケーキ店からレストランに改装する資金ができました。でも、次に困ったのは人材です。若い女性シェフの下で働きたいという人を見つけるのは困難を極めました。そこで思いついたのが、母校の高校にお願いして、ゲスト講師をさせてもらうこと。生徒とは年齢も近いし、授業を通して私を知ってもらえば、安心して働いてもらえるはずと思ったのです。その結果、やはり興味を持ってもらうことができ、最初は母校の生徒を採用してレストランをスタートしました。

雇っているのは10代の若いスタッフですから、働いてもらうにあたって親御さんの理解は不可

欠。飲食店の仕事は労働時間が長いなど親御さんからしたら心配になることも多いと思うので、その代わり、たとえば父の日、母の日には感謝の思いを伝えてもらえるように、特別手当を支給しています。スタッフはそれで、お花やプレゼントを渡したり、レストランで食事をしたりとそれぞれに感謝の思いを伝えているようです。自分自身を振り返っても、いつまで親がいてくれるかわからないという経験が身に染みているので、やはり親にきちんと感謝するというのは、当たり前のようで大切なことだと思います。

相手に合わせたオートクチュールの料理を提供

店をつくるにあたって大切にしたのは、忙しいお客さまがたったひとときでもいいからホッとできる、楽園のような空間をつくること。そのため、1日1組、最大6人までのレストランとしました。6人までとしたのは、それが、私がきちんとおもてなしができて、人間関係が築ける最大人数だと思ったからです。レストランのお客さまは、ケーキを購入してくださったことのある方に限っていましたね。

1日1組ということもあり、料理はお客さまに合わせたオートクチュールスタイル。フランス料理を学んできたので、基本的にはモダンフレンチというカテゴリーに入る料理をつくっていますが、お相手によっては別のジャンルを取り入れることもあります。料理を考える時はお客さまのアレルギーや食べ物の好みはもちろん、前回のご来店時にお客さま同士の会話で出た言葉を覚えておいて、次の訪問時にその言葉から着想を得て料理をつくることも。たとえば、コロナ禍中

世界中からVIPが訪れる同店。数々のアーティスト、スポーツ選手、俳優などが庄司さんの料理を求めて来店する。

に旅好きのご夫婦が来店された時「中国で食べたちまきが懐かしい」とおっしゃっていたのを耳に挟んで、ちまきをアレンジした料理をつくったり。また、普段はやりませんが、常連さんからリクエストを受けて「おでん屋さん」など、いつもと違うコンセプトで営業することもあります。何がお客さまにとって一番なのかを考えて、一人一人のお客さまの心に残る味をつくる店にしたいと思っているのです。

アーティストから学んだ「お金のリミッターをはずす」という発想

そうしてお客さまに向き合っているうちに気づいたのは、自分の持っている金銭感覚のままだと、いいものがつくれないということです。最初に借金をした時は、返せるだろうかと毎日眠れないほど怖い思いをしました。しかし、お客さまに心から喜んでいただけるものをつくるには、そこから抜け出さないとダメだと気づいたのです。つまり、料理の原価計算をしすぎず、どうしたらお客さんが満足するかを優先するという考え方です。

たとえば、スライスしたトリュフだったら、店の経営を考えたら3枚しか付けられない。けれど、おいしいものを知っているお客さまからしたら、トリュフは香りを感じるまでたっぷりとかけてほしいと思うことでしょう。原価を考えることは、自分から生まれるすべてのクリエーションに影響し、お客さまを喜ばせる機会を逃してしまうかもしれない。そう思い、お店が軌道に乗ってきた時に、頭の中の「お金のリミッター」を一度はずしてみることにしたのです。

そのように考えるようになったきっかけは、中学生の頃から憧れだった世界的なアーティスト、

一日のスケジュール

7:00
起床。ショートスリーパーのため、睡眠時間は短い。起床後はメールやメッセージなどの返信をしたり、海外の仕事相手とオンラインで打ち合わせをしたりする。

10:00
店と、持ち帰り専門で経営しているケーキ店「フルール・ド・エテ」に一度顔を出して仕込み具合をチェック。その時の状況次第で、そのまま店に残って仕込みや試作をする。他、コラボレーションの打ち合わせや、友人アーティストの展示会に行く時間などに充てる。

村上隆さんとコラボレーションするようになったこと。アーティストは、お金を始めさまざまな制限をはずして、誰も見たことがないものをつくらないと世界から評価されないということを教えてもらいました。村上さんは「お花の親子」という作品をつくった時に、予算内では小さい像の予定だったのですが、納得できずに自腹で大きな像をつくったんです。その時は大赤字だったけれど、その後スイスの美術館がその像を気に入って買い取ってくれて、結果的にはプラスになったそうです。今のお財布の中身だけを考えて、その枠の中でしか発想することができなかったら、お客さまを逃してしまう。村上さんがきっかけで、そう考えるようになりました。

また、数々の食材生産者に会いにいく中で、食材の生産現場には、ファッションやアートの世界の舞台裏と同じように、職人技とも言える手仕事があると気づきました。たとえば日本の果物は、年にたった一度の収穫のために、ものすごく手間をかけています。それなのに正しく評価されず、人が集まらず、後継者が減少している現実がある。アートと食材と料理。どれもきめ細かな手仕事で生み出されるという点では同様で、優劣なく価値がある。それを多くの人に知ってもらいたいという思いで料理をしよう、と考えるようになりました。

最初に店を開いた場所が手狭になり、２０１９年、もっと広く、より世界観が表現しやすい箱を求めて今の場所に移転しました。店にはつながりのあるアーティストの作品を飾り、日本の職人技を表現する場所という意味も持たせています。

15:00
夜営業がある場合は店へ。1日1組だけ、完全にお客の都合に合わせてオープンするので、店に行く時間は日々前後する。この時間にまかないをとり、翌日のお客や今後の予定などをスタッフと共有。

18:00
お客の予約時間は大体18～20時が多いが、昼や夜遅い時間になる場合もなる。その時間に合わせて営業。

21:00
18時スタートの場合は21時頃に営業終了。その後に、アーティストとのコラボや企業案件等の打ち合わせを行う。

2:00
帰宅。家に帰ってからも仕事相手とやりとり。軽い夜食を取る（納豆が好きなのでよく食べる）。

4:00
就寝。

「小さな店で世界を取る女性料理人」というロールモデルに

そんな中、2020年、アジアのベストレストラン50でベストペストリーシェフに選ばれました。これは想像だにしていなかった嬉しい知らせでしたし、受賞したことは自身を振り返るいいきっかけにもなりました。というのも、受賞に伴うインタビューなどに答える中で、俯瞰で自分を見た時に、私がこれまでやってきたビジネスモデルは料理の世界で身を立てたいと考える若い女性にフィットしているのでは、と気づいたからです。1000万円の借り入れから始まった小さな店でケーキを販売して知名度を上げ、レストランを開いて1日1組を丁寧にもてなす。そして、そんな小さな店でも、アジアのベストレストラン50で評価を受けることができる。「女性料理人が小さな店で世界を取る」という新しいロールモデルになって、これから料理界に入ってくる女性料理人に勇気を与えたいと思うようになりました。

そう考えてみると、料理人、パティシエというのは夢のある仕事だなあと思います。いいものをつくれば世界に評価される。ちょうどコロナ禍中で、飲食業界から人材が流出していた時期でもあり、そんなポジティブなメッセージを発信していきたいと思うようになりました。こんな小さな店でも海外で賞を取って、世界に出ていけるというのを見せたいんです。だから、大きな場所への移転などいろいろなお話をいただきますが、そういうことは考えませんね。

それと同時に、女性シェフならではの悔しい思いもしました。オーナーシェフなのに、誰か男性が後ろにいて、お金を払っていると思われるんです。結婚していないのに「旦那が金持ち」とか、「パトロンがいる」「誰かの愛人をやっている」とか、今も言われることがあります。それに

中学生の時から憧れていたアーティスト、村上隆さんとともに。今ではコラボレーションアイテムなどもつくる。

「ファッションが好きでチャラチャラしている」という印象を持たれるようで、私がオーナーシェフだというと驚かれます。自分の力でちゃんとやっているのに、悔しいですね。海外だったらそうは言われないだろうな、そんなことを言われる日本ってなんなんだろう、と思います。また、アーティストとコラボしている料理人が少ないので、コラボをすると目立って「彼女は本物の料理人じゃない」と言われることもありました。

でも、もともと一人でいること、理解されないことには慣れているんです。高校ではテニス部のキャプテンをやっていましたし、友達も多かったですが、家庭の悩みだとか、自分の核の部分を共有するのは難しかった。だから、自分の持っている世界観を自分の納得する形でちゃんと表現すればいいと思って、心ない人の言葉は気にしないようにしています。あと、自分を客観視するもう一人の自分がいるので、迷った時は彼女（エテ子さん、と呼んでいます）に聞きます。大切な判断をするときはいつも、エテ子さんに聞いて、自分を冷静に見つめて答えを出します。

将来は、性別に関係なく料理を仕事にできる人が増えるといいなと思います。人の個性は、100人いたら100通りあるし、男女という2つの枠でくくることはできません。日本では何事においても型に従う傾向がありますが、私自身は、こと人材育成に関しては、一律に型にはめるのではなく、それぞれの個性に合わせた教え方をしていきたいと思っています。店はあくまでも、働く人間のポテンシャルをのばすためのプラットフォームですから。たとえば最近は、うつ病をわずらったことで就職がなかなかできない、という若い子を採用しました。この店を、一人一人が成長するための大切な、そしてインクルーシブな場所にしたいです。

人生における *My Rule*

1. 迷ったり、困ったりしたら、自分の中にいるもう一人の自分「エテ子さん」に相談する

2. 料理やクリエーションについては「原価」という制限をはずし、自由に考える

3. 女性の料理人を増やすため、女性シェフのロールモデルになれるよう努力する

自分の *Spécialité*《スペシャリテ》 について

プロとして料理をつくることの責任感をあらためて感じ「これからも食材について学んでいかないと」と決意を新たにするきっかけとなった一品。主役は、2年前、業者から連絡が来て初めて使うチャンスが来たという稀少な上海蟹。それまでは季節が来ると、店に食べに行って楽しむ側だったが、それ以降は上海蟹を扱っている中国料理店から技術を教わるように。そのため上海蟹は「これまで料理に携わってきた自分でもまったく知らない世界を知るきっかけとなった食材」としてとらえている。寄生虫がいる可能性があり、生の状態だと危険であること。必ず活けの状態から調理し、加熱したらすぐ殻をむかないとにおいが出ること。長年料理をしていても、教わるまで知らなかったことがたくさんあったといい、「あらためて、料理人は食べる人の命を預かる仕事だと気づかされた」という。同店のお客には、翌日に大きなコンサートを控えたアーティストや大舞台を控えたスポーツ選手の他、結婚式を翌日に控える中記念で食事に来るなど、人生の大切な節目で来店するお客も多い。そのため庄司さんが「おいしく、でもリスクのない料理を出す責任を常々感じて料理をつくっている」ことを象徴する一品だ。仕立ては、大根餅をイメージしてコンソメで煮てから表面をカリカリに揚げた熱々のカブの上に、上海蟹の身と卵をたっぷり入れたあんをかけたもの。芳醇なサフランの香りともに。

つくり方（概略）

1 カブの皮をむいて角切りにし、ビーフコンソメでやわらかくなるまで煮込み、味を染み込ませる。

2 あんをつくる。活けの上海蟹を蒸して身を取り出し、上海蟹の殻からとっただしとビーフコンソメを合わせ、コーンスターチでとろみをつける。仕上げに卵黄を加え混ぜる。

3 **1**の水気をきり、コーンスターチをまぶして素揚げにする。

4 **3**を皿に盛りつけ、**2**のあんをかける。サフランを添えて提供する。

上海蟹

Column 01

「店を持たずに料理をつくるという選択肢」

料理人としての生き方を考えた時、独立開業が選択肢の一つであることは間違いない。ただ、もちろん資金を投じて自店を開業することにはリスクもある。また、店を持つ／店に勤めるとなると、店に縛られて身動きが取りにくくなり、結果として身体的・精神的な負担が大きくなるケースも多い。そのため、店で修業を積んだ料理人でも、店舗を持たずに自身のブランドを展開する例が増えている。

無店舗での飲食事業展開としては、まず出張料理やケータリングが挙げられる。福岡を拠点として活動する**「Millé《ミレ》」**の**山田千夏さん**（現在39歳）も、店を持たずに出張料理やケータリング、料理監修の仕事を手がける一人だ。山田さんは調理師学校卒業後、ホテルオークラ福岡で5年、フランス各地で計1年半の修業を経て、パリのフランス料理店「Sola」で4年間副料理長を務めたという経歴の持ち主。2018年からは東京・恵比寿のレストランで2年ほどシェフを務めたが、物件の事情から閉店を余儀なくされ、2020年に出身地の福岡に戻り、当初はレストランの独立開業を計画していたという。しかし、物件探しの最中に現在の夫との出会いがあり、結婚・出産を視野に入れて無理なく料理の仕事を続けられる形態として、2022年3月、自身のブランド「Millé」を立ち上げた。

出張料理はランチが基本で、料理の代金は1人7000円・4人以上から予約を受ける。当日は朝9時頃に現地入りし、昼食後はクライアントとの交流後に撤収。遅くても19時には仕事を終える。2022年8月に結婚し、2024年2月の出産を控えた妊娠中も、月4～5件の出張料理を請け負う他、飲食店の立ち上げなどにも関わった。「私にとって料理は天職です。公私に関係なくとにかく料理が好きなので、子育てしながら料理を仕事として続けられる今の環境は本当に幸せ。店を持たないと、お客さまからの認知スピードはどうしても遅くなりますが、無理なくじわじわと活動を広げられるくらいが今の自分にはちょうどいい。将来的にはまたお店を持ちたいですが、まずは今できることを続けたいです」と山田さんは話す。ちなみに出張料理の場合は出張先で調理を進めるため設備関係の許可は不要だが、ケータリングの場合は、自前の厨房設備と保健所の許可が必要なので留意したい。

また、既存の飲食店の店休日や営業外の時間にその店舗を借りて営業する「間借り営業」も、近年増えているケースの一つだ。たとえば2023年6月から営業が始まった**「鮨ゆう子」**は、12年間食品メーカーに勤務したのち、すし職人に転身した**鈴木裕子さん**（現在40歳）が週2回、東京・浅草のカウンタービストロを間借りして営業するすし店。同じく東京ですし店を営む両親のもとに生まれた鈴木さんは、30歳の頃父の病気を機に、「将来は家業を継ぎたい」とすし職人への転身を決意した。東京すしアカデミーを経ておまかせコースが人気のすし店で5年間修業したのち、実家のすし店へ。実家はお好みで気軽にすしをつまめる、いわゆる「町ずし」のスタイル。鈴木さんは、実家を手伝うかたわら修業先で学んだようなおまかせコースのすしも提供する場を求めて、実家から徒歩圏内の浅草で間借り営業をすることにしたという。

現在は、毎日実家の営業を手伝いながら、火曜・水曜の夜のみ間借り営業先のビストロへ。間借り営業の日は、朝5時に市場へ向かい、実家の厨房で仕込みを済ませ、昼営業が終わってから、間借り先での夜の営業を行うというハードスケジュールだが「すし職人にとっては、技術だけではなく接客も重要。自分一人でカウンターに立ち、直接お客さまの反応を感じとれることはすごくいい経験になっています」と鈴木さん。おまかせコースは7500円。数少ない女性職人のすし店ということでSNSでの反響も大きく、最大15席が予約で埋まる日が続いている。最終的には実家の店を継いで専念する計画だが、しばらくはこの形でさらに経験を重ねたいと鈴木さんは話す。

こうした間借り営業は、①初期投資が不要②ランニングコストが安い、というのが最大の利点である一方、①内装や空間づくりで個性を出せない②営業時間が限定される、といったデメリットもある。そのため、最終的にはやはり自店の開業を目標とする店主が多い。2024年から長野・松本で食堂**「ミールストップ」**を営む**清谷遥さん**（現在31歳）は、飲食店で5～6年料理人として勤めたのち、その店があった東京・代々木での間借り営業を経て松本に移住、独立開業を果たした。「間借り営業では、やりたいことを試せる反面、空間や営業時間は思うようになりません。ただ、その下積み期間でいろいろな人に私と店の存在を知ってもらったことは財産です」と当時を振り返る。

間貸し可能な店舗と間借り希望者のマッチングサービスを展開する**株式会社シェアレストラン**の**藤田新さん**は「自店を持つ前のステップとして間借り営業を活用される方が増えている」と話す。同社では2020年の事業開始後から現在までで約810件を成約させてきたが、契約ペースは右肩上がりだ。特に間借り営業希望者が増えており、2024年4月現在の会員数は5500。それに対しシェア可能店舗は1100店と、貸し手市場になりつつあるという。これまでの例から藤田さんが挙げる間借り営業の成功のポイントは、①SNSの有効活用②他店と差別化できるコンセプト。逆に、失敗の要因としては、①SNSでの発信力がない②来客数が少なく1～2ヵ月で諦めて閉めてしまうこと。最低でも3～6ヵ月は営業しないとお客が定着しないというのが藤田さんの見解だ。なお食品衛生責任者の資格があれば初期投資不要で開業できることから、安易な気持ちで契約するものの、ほとんど営業せずに終わるといった例も散見されるとのことで、店主の心構えが大前提と言えるだろう。

（取材・文／坂根涼子）

鮨竹 店主

三好 史恵

1978年愛知生まれ ● 現・東京

鮨竹　東京都中央区銀座7-6-5 石井紀州屋ビル4階

インテリア業界、海外留学を経て、日本食を学んでみたいという気持ちから和食系の居酒屋へ入店し、市場に行くように——。これが、「鮨竹」店主の三好史恵さんが「自分では予想もしていなかった」という、すしの世界に入ることになった道筋である。市場で同じ魚店に通っていた「新ばし しみづ」の店主、清水邦浩さんを紹介され、最初は魚の扱いを学ぶことを目的に28歳ですしの修業をスタート。圧倒的な男性社会の中で、理解しにくいこと、辛いことも多くあったが、「やっぱり辞めたね、女の子だもんね」と言われる悔しさをモチベーションにして必死に働いた。修業中、自らの「大大親方」にあたる師岡幸夫さんの言葉から、男性の社会で学び、男性の世界と女性の世界の両方を知ることを自らの強みとして受け止められるように。それからは「女である自分がすしをやる」ことに迷いが消え、8年強の修業ののちに2014年、鮨竹を独立開業した。食材の持つよさを最大限に引き出すことに重点を置き「余計なことをしない」ことが信条。「すしは嘘をつかない」という言葉が、三好さんの姿勢をもっともよく表していると言えるだろう。毎朝5時に起きて、市場へ通い、遅くまで働く一方で、さらに遅い夫の帰りに合わせて一緒に食事をとり会話をすることが、日々働く上での大きな原動力。自分なりのリラックス方法で気持ちのバランスをとっている。

みよしふみえ

1978年、愛知県生まれ。高校卒業後、東京のインテリア専門学校を経てショールームに派遣で勤める。海外に住みたい気持ちが高まり、イギリス・ロンドンへ1年語学留学。その後、ヨーロッパをまわる。帰国後はカフェの開業を目標とするも、まずは自国の料理を知ろうと和食居酒屋に入店。次第に料理自体がおもしろくなり市場に通ううちに、勤めていた居酒屋を辞めたタイミングですし店「新ばし しみづ」を紹介される。最初はアルバイトとして働き、1ヵ月後から修業に入って8年強研鑽を積み、2014年、東京・銀座に「鮨竹」をオーナーシェフとしてオープン。

ロンドンで出会った女の子が、自分の人生を変えてくれた

最初に飲食業界に入ろうと思ったのはカフェを開きたいという気持ちからで、まさかすしの世界に入るとは思いもしませんでした。すしは若い時から修業を重ねるイメージがあったし、なんなら最初に「自分には無理だな」と感じ、真っ先に選択肢からはずしたジャンルでしたね。

もともと高校を出て最初に入ったのは、インテリアの世界です。東京のインテリア専門学校を卒業し、そこの先生のツテで、派遣でショールームで働いていました。10時に行って17時に帰れる仕事で、お給料もよかったのですが、それがどうもつまらなく感じてしまって。仕事以外に刺激を求めて夜遊びをよくしていて、夜中にライブをやっているライブハウスに通ったりしていました。そんな中、海外に住みたい気持ちが強まって、語学留学でイギリス・ロンドンへ。最初の半年は日本人コミュニティーですごしていたのですが、英語を話す機会が少なく、これじゃダメだと思ってコミュニティーの外へ。バックパッカー用のホテルでなんとか職を得て、ハウスキーピングの仕事を始めました。当時何人かと一緒に住んでいたのですが、その中のイタリア人の女の子、サマンサは、自分の人生を変えてくれた一人です。喜怒哀楽がとても激しい子で、私が、生まれて初めて喧嘩をした相手。私はそれまであまり自分を出さないというか、自分の考えは別に、というタイプだったのですが、サマンサと出会って「楽しい時は楽しい、悲しい時は悲しい」と、素直になればいいんだと思うようになりました。感情を素直に出す彼女は見ていて気持ちがいいし、そんな彼女と初めて喧嘩して、仲直りして、言葉はお互いままならないけれど、心で通じ合えて。その経験が自分を変えたと思っています。

イギリス留学時代、働いていたホテルの上司や一緒に住んでいた友人とともに。特に右写真の赤い髪のイタリア人の女性サマンサは、三好さんが生まれて始めて喧嘩をした相手で、三好さんの人生観を変えた。

1年間のロンドン留学はとても楽しくて、その思い出は、のちに自分が厳しい修業をする上でも心の支えになりました。どんなに辛い時でも「あの時あんなに楽しかったんだから、今は頑張ろう」と乗り越えられたんです。もちろん、英語力や海外のお客さまへの対応など、仕事の実務面で役立っていることも多い。だから、海外経験は、自分の中ではすごく大きいものですね。

料理のおもしろさと魚への興味から、すしの世界にたどり着く

すしの世界に入るきっかけも、大元を辿ると、ロンドンで一緒に住んでいたサマンサやスペイン人の女の子に「日本食つくってよ」と言われたのに、うまくつくれなくて悔しい思いをしたことです。当時、日本に帰ったらカフェを開業したいと思っていたのですが、カフェの前にちゃんと日本の料理をつくれるようになりたいと思った。それで、帰国してから、和食居酒屋さんに入店したんです。でもそこで働くうちに、思いの他、料理がどんどんおもしろくなっていって。しかも、そこで一緒だった飲食業経験のある女性が「あなたは、ここにはもったいない。あなたがいる場所はここじゃないわよ」と背中を押してくれた。それでその居酒屋を辞めたのですが、ちょうど、勉強がてらよく行っていた築地市場の魚屋さんが、自分の店のお客でもあったすし店「新ばし しみづ」の親方（清水邦浩さん）を紹介してくれたんです。紹介されてから、その日のうちにすぐアルバイトに行っていましたね。その時はすしじゃなくて、料理をやりたいと思っていたけど、魚を勉強できるのはいいなという思いでした。1ヵ月アルバイトをしたのち、自分の中でしみづでの学びが「これだ！」と感じたこともあり、修業に入らせてもらいました。

最初は店の電話すら取らせてもらえなかったですし、魚をさわれなかったので、休みの日に市場に行って、魚を扱う練習をしていました。でも店は店で「休むのも仕事のうち」という考えがあって、結局はダメと言われてしまいましたけど。そもそも、誰かが一から手取り足取り教えてくれる世界ではなく、教わっていなくても、「やれ」と言われたらできないといけない世界です。そこでちゃんとできたら、一つ仕事がもらえるという流れ。だから、必死に自分で考えてできるようになっていく力が身につきました。

修業に入って3年目くらいからは、坊主頭にしました。親方が私を見て、ぼそっと「清潔感ねえな」と言ったんです。私はクセっ毛で髪も長かったので、「いっそのこと」と思って床屋に行って、丸坊主にしました。坊主にしたことによって、それまでは「どうせ続かない」と思われていたのが、「こいつはやる気があるんじゃないか」と思われたようです。ちなみに、坊主頭はとても楽でしたね。修業中は坊主ですごし、自分で店を始めてからも1年くらい経つまでは、気合いを入れる意味でそのまま坊主にしていました。

「やっぱり辞めたね」と言われたくなくて、必死に働く

親方は厳しさと愛情の両方を持って接してくださる方で、今考えると、女性である私を弟子として受け入れた時に、ずっと自分の店で面倒を見ようと覚悟してくれていたと思います。最初は、まさか修業を続けて私が独立すると思っていなかったでしょう。また当時、いたにはいましたが、やはり女性のすし職人は少なかったので、まわりが弟子として認めてくれないということもあり

それぞれ別の店で修業を重ねた仲間とともに、独立後に旅行に行った時の写真。左から2番目が、当時坊主頭にしていた三好さんだ。

ました。「よく女性を雇ったね」と親方に言う人もいたようです。でも私にとってはそれが逆にモチベーションになって、「絶対辞めてやらない。続けてやる」という気持ちで修業をしていました。辛いことも多くて、器を全部壊して逃げてやろうか、と思った時もありましたが、「やっぱり辞めたね。女の子だもんね、そりゃ無理だよね」と言われるのが本当に嫌で。結果を出すことで見返してやろうというのがモチベーションでした。

ただ8年と少しの修業の中で、一度だけ、本当に辞めたいと思った時期が7年目くらいにありました。軸となるベースはあるけれども、常に変化し続け、その変化にお客さまがついていっている……という親方の仕事を見て、「無理だ、自分には一生これを続けられない」と感じてしまったのです。若い時は、「やってやる」というという根性だけで突き進んでいたけれど、少し年齢を重ねたことによって迷いが出てきたわけです。でも結局、決意を固めて親方に「辞める」と言ったその日の仕事中に、急にふっと「いや、やっぱり自分は辞められない」という気持ちが降りてきて、思い留まったのですが。

男性と女性、両方の世界を知っていることが強みに

修業中、褒められた記憶は一度もありません。逆に、「なんでそんなことを言われなきゃいけないんだ」と思うことはたくさんありました。そう、当時、親方や兄弟子が何を言っているかわからないというか、どうしてそういうことになるんだろうと思うことが多かったんです。でもそれは、私が男性社会を知らなかったからだと後から気づきました。兄弟愛だとか、筋を通すだと

「鮨竹」の店舗入り口と内観。カウンターにはお好みで注文できるタネが書いてある。

か、縦社会だとか、けじめをつけるだとか、そういったことを自分は最初理解できていなくて。「親方が白と言ったら、黒いものも白くなる」。この感覚がわからなかったので、任侠映画をたくさん見て男の世界を学び、ようやく理解できるようになりました。

男性社会で女性がすしをやる、ということについて迷いが生じた時期もあったのですが、親方の親方である、「神田鶴八」の師岡幸夫さんにお会いした時にかけていただいた言葉が今でも心に残っています。「君は女性だから、男性の社会をいっぱい学びなさい。僕は男性だけど、芸者さんに囲まれて仕事をしていて、その中で女性の社会を学びました」と。自分は女性で、女性の世界を知っている。でもすしの世界は男性の世界だから、男性の社会も学んでいる。師岡さんの言葉で、その二つの世界を知っていることは自分の強みなんだと思えるようになったんです。その二つの社会や、男性と女性を「vs」にする必要はまったくなくて、お互いにないものを補い合うのが理想の形。「男性に負けないように」と構えるのではなく、それぞれのよさを発揮すればいいと思います。

一方で、気力や気持ちは、性別関係ないものです。強い気持ちを持ってモチベーションを保つことが、この世界で仕事を続けるために大切なことだと感じます。確かに、女性の方が感情の起伏が激しく落ち込みやすいとは思うけれど、私自身は自分を俯瞰で見て、気持ちを落ち着かせて余裕を持つことを意識していますね。自分の中で、人に道を譲れない時は自分に余裕がない時、人に道を譲る気持ちがある時は自分に余裕がある時、という判断基準があります。

弟子と一緒にカウンターに立ち、2人で店をまわす。甘やかすことはないけれど、相手の表情や気持ちに気を配って指導する。

自分史年表

1978年生まれ　三好史恵

18歳　東京のインテリアの専門学校に入学。

20歳　専門学校の先生の紹介で、設計事務所の派遣としてインテリア関係のショールームで働く。

21歳　仕事を辞めて渡英。1年間ロンドンに滞在し、その後3ヵ月ほどヨーロッパを一人旅する。ここでの生活やいろいろな国の人の出会いで、価値観が変わる。

Turning Point

23歳　帰国後、カフェ経営という夢をめざす前に、日本料理の基礎を習いたいと思い、和食居酒屋で働く。

28歳　料理の世界にはまり、勉強がてら築地市場に通う中、「新ばし しみづ」の店主を紹介され、しみづでアルバイトをしたのち、弟子入りする。

Turning Point

36歳　しみづでの修業を経て、東京・銀座にオーナーシェフとして「鮨竹」を開業。

Turning Point

従業員を雇ったことで、ある種の覚悟が生まれる

しみづで修業を始めてから、8年と少しで独立しました。自分だけでなく、誰かが独立する時はそうなのですが、不思議と「そろそろ」という空気になるんです。誰かが独立しそうなタイミングの時に、ちょうど新しい人が入ってくるとか。私の時もそうで、人が入ってきたり、お客さまが「もうそろそろじゃない？」という空気になってきたりする。それで親方に「どうですか」と尋ねたところ、「まあ、いいんじゃない」と。それで2014年に独立開業しました。

オープン当初は、開業資金の借金もしているし、とにかく続けることに必死でした。弟子も一人、雇ったので。でも、新しいことを始める時は絶対に何か覚悟を決めなくてはやりきれないと思うので、自分の場合は「従業員を雇った」ということが覚悟になってよかったと思います。その一方で、人を雇う時には「この子がやめても自分一人でなんとかやりきるし、やりきらないといけない」というもう一つ別の覚悟も持っています。今の飲食業界は人手不足ということもあり、店側に「やめてもらっちゃ困る」という気持ちがあって、店主が若い子に気を遣ってしまうことがある。でも自分は「いつでもやめていいよ、私一人でできるから」という姿勢です。そうじゃないと、気を遣ってしまって従業員に厳しく言えないからです。もちろん、従業員がメンタルを崩さないように、という点は注意していて、何かあった時の異変には気づけるようにしています。

店を始める時は、「女が握ったすしなんか食えるか」と言ってくるような人も来るかな、と予想していたけれど、時代の流れですね、逆にお客さまの方が「今は女性だから、なんて言い方はだめだよね」と気を遣ってくださることが多いです。私自身は、たとえそういう言葉を投げられ

一日のスケジュール

5:10	起床して、6時頃までに電動自転車で豊洲市場へ。1時間ほど滞在。
7:30	仕入れた魚を自転車で店に運んで、仕込みを開始。
11:30	昼営業開始。
14:00	昼営業終了。後片付けをして、まかないを食べたり、夜営業の準備をしたりする。
15:00	1時間強仮眠をとり、16時10分頃に起きてまた夜営業の準備を開始する。
17:00	夜営業開始。

たとしても、いっさい気になりません。それを気にしていたらこちらが疲れるだけですし、何より、すしは嘘をつきませんから。私は、すしの味が職人の性別によって変わるとはまったく思いません。お客さまはすしを召し上がりにいらしているわけですから、すしを召し上がっていただいて、ご納得いただけたらいいと思っています。

店では、握りだけのコース、握りとつまみが入ったコースを用意していますが、お好みでのご注文もしていただけます。すしは「好きなものを、好きなように、好きなだけ食べる」ものだという教えがあるからです。素材への仕事に関しては、なるべく余計なことをしないことを徹底しています。こねくりまわさず、その素材のよさを引き出すための最低限の仕事をする。そして、うちの酢飯と合わせてすしにした時に、調和がとれるような味という点を意識しています。酢飯は、自分が修業していた時代のしみづよりも、少し酸と塩をやさしめにしていますが、割としっかりとした味わいだと思います。また、米自体は、輪郭は持たせつつ、噛んだ時にジューシーさを感じるような食感に。持った時に崩れず、口に入れた時にほどけるのが理想です。なお、私が考える「江戸前ずし」は「心意気」。江戸前はもともと鰻の世界の言葉で、すしの世界の言葉ではありません。そのため、江戸前ずしに厳格な定義があるわけではなく、人によっては「仕事を加えていれば江戸前」と言う人もいるし、「赤酢を使っていれば江戸前」という人もいる。だから、江戸前は心意気だと思うんです。

江戸前のすしをやるなら江戸前の言葉を使え、ということも、修業時代に叩き込まれました。私は愛知出身なので、かなり大変でしたね。兄弟子が厳しくて、たとえば「後ろ通ります」のイントネーションが違うと後ろを通してくれない。「後ろ」を繰り返し発音して練習しても、実際

22:30
夜営業終了。後片付けをしたのち、その日の帳面をつける。残りの片付けは弟子に任せる。

23:30
晩御飯の買い物をして、帰宅。

0:00
風呂に入り、ご飯の準備をする。

1:00
夫が帰宅する。一緒にご飯を食べながら会話をし、リラックスタイム。なお、翌日が休日であれば、そのまま夫と朝まで飲む。

3:00
就寝。

に使う時になるとまた元に戻ってしまってしまう。今だってちゃんとした江戸前の言葉とは言えないけれど、とにかく言葉については修業時代に厳しく言われました。

自分なりのリフレッシュ方法を持ち、心のバランスをとる

私生活では、同じカウンター商売でもあるバーテンダーと結婚しました。きっかけは、みんなで一緒に海に遊びに行った時に意気投合して、仕事が終わった後に一緒に飲みに行くようになったことです。それでお付き合いを始めて、ずっと一緒に住んではいたのですが、結婚してからは気持ちもかなり変わりました。お互いに覚悟もできたし、私自身は、確固たるものができて楽になったと言うか。付き合っていた時も、これからずっと一緒にいるだろうなとは思っていたけれど、結婚してからは自分のすしも変わったと感じます。結婚というしっかりした形になったことで、心の余裕が持てるようになったことが大きいと思いますね。

夫は、常に冷静で、人に対して優劣をつけたり比べたりすることがないフラットな人。同じカウンター商売なので話が合って、会話が尽きません。お互い仕事が終わり、2人で家で晩酌したり、外食したりすることが、気持ちのバランスをとってリフレッシュする上で私にとって大切な時間です。「今日はこんなことがあった」「こういう時どうしてる?」という話を延々としていますね。お互いの店に行くこともあり、夫がうちの店に食べに来ると、どう見えたか、どう感じたかということに対して素直な意見を言ってくれるので、助かっています。

もう一つのリフレッシュ方法は、休日に麻雀をすること。店をオープンして数年後から、はま

バーテンダーの夫とのツーショット。2人でお酒を飲む時間が至福のひとときだ。

っています（笑）。麻雀は「ドキドキ、ハラハラ、ワクワク」が詰まっていて、思いっきり集中して他のことを忘れられるので、自分の中では大きなストレス解消法。麻雀の攻めるときは攻める、守る時は守るという戦略も、普段の仕事の姿勢に生かされていますよ。

人生における *My Rule*

1. 自分一人で店をまわす、運営していく覚悟を持つ
2. 「すしは嘘をつかない」が信条
3. 毎日夫と顔を合わせて会話をし、オンとオフを切り替える

自分の*Spécialité*《スペシャリテ》について

酢飯は、米自体に輪郭を持たせつつ、噛んだ時のジューシー感と、口の中でほろりとほどけるやわらかさを重視。横井醸造工業の赤酢「與兵衛」「琥珀」を混ぜ合わせて使用し、酸味、旨味、塩味のバランスをとっている。赤酢と塩をしっかりきかせたスタイルは修業先の「新ばし しみづ」譲りだが、修業時代の同店のものよりは少しやさしめの味わいだ。使う魚は、この酢飯と調和するしっかりとした味わいのものを探し、産地や見た目にはこだわらず、全国からその時々でよいものを仕入れる。今回紹介したまぐろ（中トロ）は北海道産。まぐろは基本的に「味がしつこすぎず、繊維が強くなく、脂の口溶けがきれいなもの」を選んで使用する。小肌は熊本・天草産、穴子は長崎・対馬産を使った。素材に対してはその持ち味を引き出す仕事のみを施し、「余計なことをしない」のが身上。しかし甘いものはしっかり甘くする、酢で締めるものはしっかり締めるなど、味のメリハリをつけることは意識している。今回紹介した小肌もしっかりめに締めたクラシックな仕立てだ。また、「塩」と「煮つめ」、2種類の穴子を提供するのはしみづに倣ったものだが、折りたたんだような形にするのは「やるうちに自然とそうなっていった」という独自のアレンジで、ふわっとした口当たりと、しっかりとした味わいの酢飯とのバランスをとるために穴子の存在感を増す狙いである。

仕込み方（概略）

小肌

1 小肌を掃除して腹開きにする。大きさと脂ののり具合を見て、塩で締める時間を決める。塩で締めたら水で洗い、30分ほどザル上げする。

2 赤酢で洗い、20分ほどおく。

3 20分経ったら赤酢に漬ける。ザル上げして、最低3日間おいてから使う。

まぐろ

1 マグロを赤身と中トロに分けてさく取りする。

2 筋が強いところははがしして、筋を取り除く。

3 小トロの部位を漬けにする。

穴子

1 穴子を背開きして、腹をしごきながら流水で洗う。

2 穴子の皮目に熱湯をかけ、包丁でしごいてぬめりをとる。

3 穴子の煮汁をつくり、落し蓋をして25分くらい煮る。煮上がる5分前に、醤油で味をととのえる。

小肌

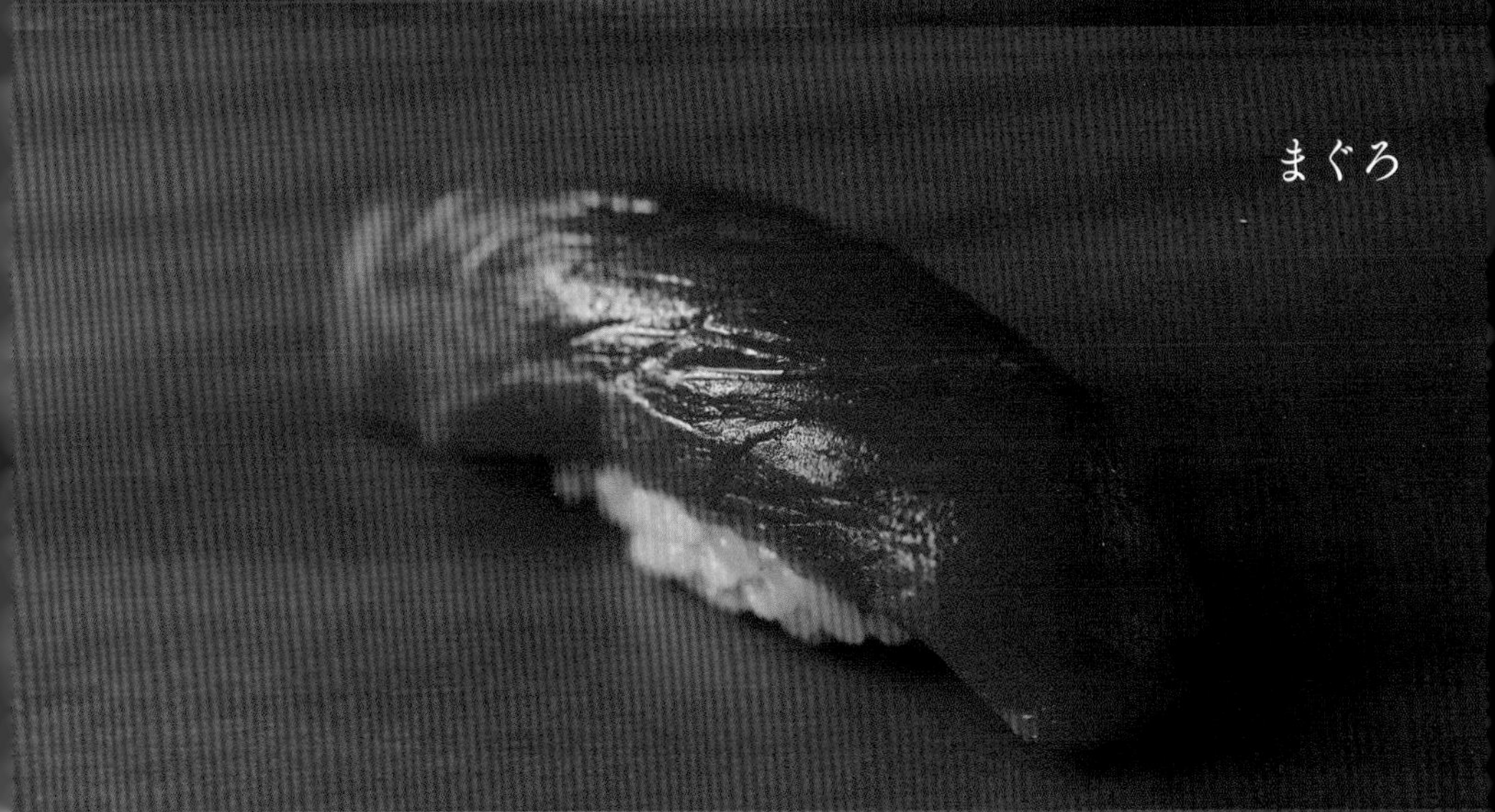

まぐろ

穴子

MANNA《マンナ》 オーナーシェフ

原 優子

1972年北海道生まれ ● 現・神奈川

わずか14席の小さな店でありながら、並ぶメニューは100種類近く。膨大な数の料理の中には「あの人がお気に入りだから」と、たった一人のお客のために残している料理もある。「うちはイタリア料理版町中華ですからね」と笑うのが、オーナーシェフの原優子さんだ。神奈川・鎌倉で店を営み25年近く。現在は由比ヶ浜で、自宅を併設した店舗で営業を行う。就職先が見つからず、思いがけず入ったイタリア料理の世界。「恥をかいて傷つく他に学びはない」という考えと、比類なき根性で料理を学び続け、独立開業を果たした。店名の「マンナ」はキリスト教の言葉で「生きる糧」。「料理を一口食べて批評家みたいに難しい顔をする。料理の写真ばかり撮った後は、一緒に来た人とお喋りもせずにスマホをいじり続ける。そういうのって、なんだか違いますよね」。料理は、人と人をつなぐもの。客観的に眺める対象ではなく、つくる側と食べる側、そしてともに食べる人同士の思いが交差するもの。それが原さんの考える「生きる糧」でもあるのだろう。「この店は、私と娘が生きていくために開いた店」。そう話に出す一人娘も、もう大学3年生、もうすぐ独り立ちの時期を迎えようとしている。自身とこの店の先については、まだ考え始めたばかりだ。

はらゆうこ

1972年、北海道生まれ。大学を卒業後、東京で複数のイタリア料理店で働いた後、イタリアへ食べ歩きの旅に。帰国後、1997年に東京・用賀のイタリアン「ミノーレ」のシェフとなる。1999年、より食材の産地に近い料理をつくりたいと考え、神奈川・鎌倉に移住し、オーナーシェフとして由比ヶ浜に「Nadia」をオープン。妊娠・出産のため店を閉めるも、7ヵ月で復帰して近隣の長谷に移転。2009年に現在の場所に移転し、店名を「MANNA」として再スタートをきる。

就職活動がうまくいかず、料理の道へ

もともと、料理人になろうとは夢にも考えていませんでした。

大学に入学するために上京したのですが、在学中に遊びすぎて、いざ就職活動の時に、就職できるところがどこも残っていなかったんです。そうなって初めて、漠然と、サラリーマンは嫌だから自営業をやりたいと思うようになりました。じゃあ何をやろう？　と考えた時に、子どもの頃から好きだったお菓子づくりのことを思い出して。自分の手で、小麦粉が自在に姿を変えるのが楽しかったんですね。それで将来はシェフになって自分の店を持ちたいと思ったんです。

当時憧れていたイタリア料理店があって、厨房で働きたいと面接に行ったのですが、私は調理師学校も出ていない未経験者。当然ながら、門前払いされてしまいました。結局、別のイタリア料理店にサービスのアルバイトスタッフとして採用してもらったのですが、そこに偶然、先ほど話した、面接で落ちてしまった店出身の方がいて。その方に紹介してもらったら、今度は履歴書なしですんなり入れたんです。いわゆるツテですね。

その店での仕事は掃除や洗い物くらいだったんですが、失敗も多かった。一度、４００万円くらいする高級なパスタマシーンに布を巻き込んで壊してしまって。もう30年近く経ちますが、今でも夢に見るほど、ショッキングな出来事でした。服の襟首を掴まれて、かなりこっ酷く怒られもしましたね。女性だから、他の男性スタッフのように殴られたり蹴られたりはしませんでしたけど。そんな当時の飲食業界の厳しさに耐えかねてまわりはどんどん辞めていき、何人か同期がいた中で、1年間続いたのは私だけ。もともと体育会系の人間なので、根性だけはあったんです。

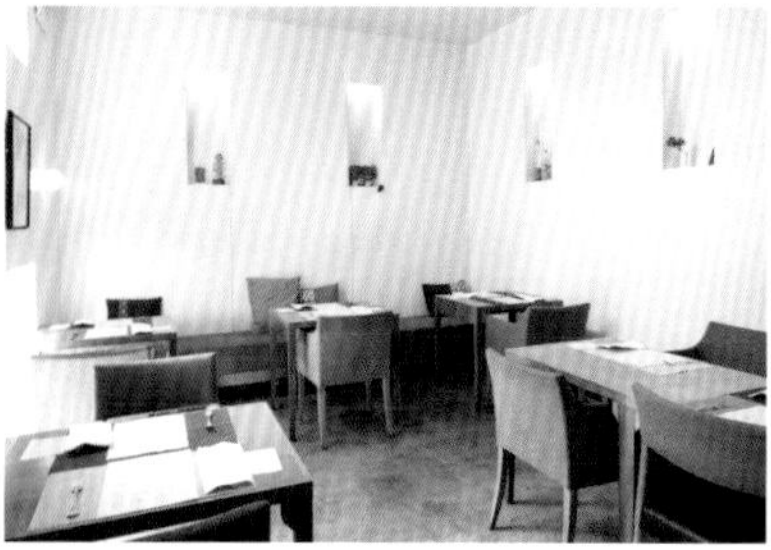

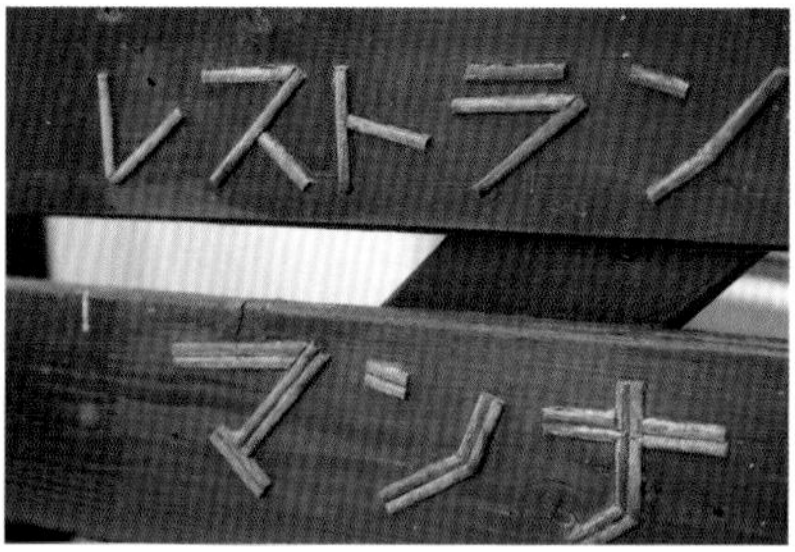

とはいえ、その店は年功序列制のような感じで、いつまで経っても厨房の仕事を任せてもらえない。そこで転職してまた別のイタリア料理店で1年間ほど働いたのですが、そこも同じ状況でした。そのうちに、どうしてもイタリア現地に行きたくなってしまって。「旅行に行くので休みをください」とは言えない職場だったので、きっぱりと仕事を辞めて、10日ほどイタリアに食べ歩きに行きました。

イタリアで「オリジナルの尊さ」を感じる

たった10日でしたが、イタリアの建築や歴史の雄大さに触れ、そこに根差したイタリア料理のすばらしさに感銘を受けました。その土地の風土、歴史、文化すべてを背景に、イタリア料理というものは生まれている。日本ではそこに日本らしさを加えたり、何か別の要素とフュージョンさせたりする料理も多かったのですが、イタリア料理はイタリア料理のままでいい、と強く感じました。

そうそう、当時日本では「チーズ蒸しパン」が大流行していたんですが、その流行にのって「イチゴ蒸しパン」「チョコレート蒸しパン」など、チーズ蒸しパンのアレンジがたくさん出てきた。でも、チーズ蒸しパンはチーズ蒸しパンだからおいしいのであって、イチゴやチョコレートでつくってもおいしくない。なぜなら、オリジナルにある「バランス」がないからです。イタリア料理を始め、伝統的な料理のレシピは本来、何百年もかけて磨き上げられてきたもの。その過程の中で、多くの人がさまざまな工程を試して最良のバランスにととのえられた結果、淘汰され

店は由比ヶ浜駅から徒歩2分。面する道路から少し奥まったところに、自宅と一体化した店舗がお目見えする。お客は草木あふれる小道を抜けて玄関に辿り着く。

ずに残ってきたものなので、今残っている伝統料理は一種の完成形。もちろん、今を生きる者として、それに対して挑戦し続けないといけないですが、その伝統料理に安易に身近なものを混ぜるとバランスが崩れる恐れの方が大きいんです。日本は他国に比べて食のバリエーションが豊かである反面、何でも取り入れてフュージョンさせる傾向がありますよね。一方で、イタリアでは、歴史に磨かれ続けた料理がそのまま残っていて、それをみんな食べている。私は、イタリア料理をやるならば、イタリアでずっと守られ続けられてきたものに忠実でありたいと思ったのです。

調理経験が十分でないまま、イタリア料理店のシェフに

イタリアから帰国して、しばらくは魚料理がメインの居酒屋で働きました。これから料理をやっていく上で、魚がおろせないと話にならないので、魚の扱いを学びたかったのです。とはいえ、まずは採用されなければチャンスはない。面接では、できもしないのに「魚もおろせます」なんて言ったりして、入店してから必死に勉強しました。

そこで働いているうちに「イタリア料理をやりたいなら」と声をかけてもらって、東京・用賀のイタリア料理店「ミノーレ」のシェフになりました。もちろん、初めてのシェフとしての仕事。それ以前に、調理経験だって十分ではありません。でもやるしかないと思って、それこそ死ぬ気で働きました。最初は前菜一皿を出すのに40分もかかって、お客さまに「こんな手際が悪い店は初めてだ。もう二度と来ない」と言われたこともあります。毎日思い悩んで料理をつくっていましたが、その反面、喜んで何度も来てくださる方もいる。「傷ついたから」なんて理由で辞める

わけにはいきません。

私は、人間を成長させるのは「恥」だと思っています。恥をかいて傷つくことで、それを乗り越えようと成長していく。だから、この時お客さまから言われた言葉や恥の感覚が自分を奮い立たせ、自分の糧になったと感じています。今も常に、「惨憺たる自分を忘れるな」と言い聞かせながらやっています。

鎌倉に移住し、独立開業

そこでは2年ほど働いた後、「もっと自然に近いところで自分の料理を出したい」と思うようになって、1999年に、オーナーシェフとして神奈川・鎌倉に「ナディア」をオープンしました。前職のミノーレでも有機無農薬の野菜を使っていましたが、鎌倉はおいしい野菜も手に入るし、とにかく魚の質がいいんです。都内だと、たとえばどこかで揚がった魚が店に届くのに一日以上かかるけれど、鎌倉なら朝に相模湾の港に着いた船からすぐに届くので、タコやイカは絶対生きている。今は佐島港に揚がる魚を、知り合いの仲買さんから買って、その鮮度をそのままお客さまに届けられる料理をつくっています。朝8時くらいに仲買さんに電話すると、その日何が揚がっているかを教えてくれて、私の代わりに入札してくれるんです。本当は自分が市場に行けたらいいのですが、渋滞がひどいと店に戻るのに時間がかかり仕込みの時間がとれなくなってしまうので、こういう形をとっています。

当時は鎌倉ブランドの野菜が出始めた頃で、産地を訪れながら野菜についても少しずつ学んで

原さんが料理で大切にしているのは香り。その香りの要素を担うハーブは自宅で育てており、摘みたてのフレッシュなものを使用する。

いきました。自然に近い場所に住むと、毎日の食材の微妙な違いに気づくようになりますね。食材探しのためにさまざまな場所を訪れることもあります。山梨県に豆を買いに行って味噌づくりまで学んだり、熊本の阿蘇で立派なシイタケを見つけたり。料理における香りは私がとても重要視している要素で、たとえば山菜やキノコは天然のものはまったく香りが違うので、山で採れたものを重宝しています。

そもそも、料理で一番大切にしているのは自分の感覚です。その時々で、お客さま一人ひとりに向けて「これだ！」と思う迷いのない料理を出していきたい。料理は、あくまでも相手がいてつくるものですから。うちはアラカルトスタイルの店ですが、同じ料理でも相手によってポーションや味つけを変えることも多いです。調理中に感覚を研ぎ澄ませて、これだと思ったほうに調味していく。その間、余計な作業を挟みたくないので、営業中は調味料やオイルの瓶などの蓋を全部開けておき、すぐに鍋に加えられるようにしています。

目の前のお客さまを思ってそれぞれの料理の着地点を決め、味をつくっていく形なので、自分自身、デパ地下の惣菜コーナーやビュッフェといった、対象とする相手の間口を広くとった料理を提供する場所は苦手です。情報量が多すぎて、結局、自分が何を食べたいのか、相手が何を食べさせたいのかがよくわからず、困ってしまいます。

同業の料理人と結婚。妊娠中も仕事を続けて、体調を崩す

鎌倉で店をオープンしてからしばらく経った頃。同じ雑誌に掲載されたことをきっかけにうち

最初に独立開業した「ナディア」は予約が取れないと言われた人気店で、メディアの注目度も高く、「マンナ」として移転リニューアルした時にも数々の雑誌に取り上げられた。

自分史年表

1972年生まれ　原優子

22歳　就職活動がうまくいかず、大学卒業後はイタリア料理店のホールでアルバイトをする。その後、憧れだったイタリア料理店へ入店するも、掃除や洗い物の日々が続く。

24歳　別のイタリア料理店へ移るも、そこでも同じような仕事が続く。イタリアへ行きたいと強く感じ、イタリアへ食べ歩きの旅に出る。伝統的なイタリア料理の完成度の高さを感じ、そういう料理を日本でやりたいと決意。帰国後、魚の扱いを学ぼうと居酒屋へ入店。

Turning Point

25歳　東京・用賀のイタリア料理店「ミノーレ」のシェフに。

27歳　神奈川・鎌倉へ移住し、準備期間を経て由比ヶ浜にイタリア料理店「ナディア」をオープン。

Turning Point

28歳　結婚。妊娠したタイミングで店を閉め、翌年に出産する。

30歳　育休から復帰し、長谷に移転する。

37歳　店と自宅を同じ場所にするため、由比ヶ浜の一軒家に移転。店名を「マンナ」とあらため、リニューアルオープンする。

Turning Point

に食事にきてくれた料理人と交際を始めました。ホテルの料理長を務めるフランス料理の料理人で、そのまま2001年に結婚。翌年に出産しました。

妊娠がわかった時も、そのまま同じように仕事を続けていたら、妊娠中毒症になってしまって。夫から、「店をやめるか、子どもを諦めるか、どちらかにするべきだ」と言われました。もちろん、子どもの命には代えられないので、店を閉めました。そうすると、体調がみるみるよくなっていったんです。残りの妊娠期間は、一時的に他の店を手伝ったり、レシピ開発の仕事をしたり、少しずつ料理に関わるようになりました。レシピ開発に関しては、その時々で食材の質が変わるのに分量を一律で決めてしまうことに抵抗があって、やめてしまいましたが。

そして、2002年に娘を出産。出産後はすぐに仕事に復帰したかったのですが、ちょうど夫も私に触発されて、ホテルを辞めて独立、自分のフランス料理店をオープンしたタイミングでした。よく「夫婦で一緒に店をやらないの?」と聞かれましたが、夫がやっているのはフランス料理で、私はイタリア料理。まったくスタイルが違うので一緒にやるのは無理があり、あまり遠くない場所ではあったものの別々に店を出しました。

お互いに店を持っていたので、営業中は娘を見てくれる人がいません。ベビーシッターさんを雇おうと思うと、時給5000円くらいかかり、とても支払いきれません。どうしようかと思っていた時に、店に来てくれていた近所のお客さまで、子どもを預かってくださるという方が現れました。自然食品店をされていたクリスチャンの方で、純粋に奉仕の精神で助けてくださったんです。その助けもあり、娘が7ヵ月になった時に、最初の店とは別の物件で店を再開し、復帰しました。朝は娘と一緒に市場に行き、キュウリをかじらせて朝ご飯にしたりしながら、娘を保育園に預け、ランチ営業が終わってから迎えに行く。娘と1時間遊んでから先ほど話した預け先の方の家に連れて行き、夜10時頃にディナー営業を終えてから、寝ている娘を迎えに行く、という生活を続けていました。

店と家を一緒にすることで、少しでも娘といられる時間を

しかし、そうこうしているうちに、夫との関係に亀裂が入るようになりました。夫は11歳年上でしたが、私の店の方がいつしか予約の取れない店と騒がれるようになったことも原因の一つかもしれません。夫のつくる料理は間違いなくおいしかったですし、尊敬していましたが、すれ違いが続いてうまくいかなくなり、離婚しました。

その時、ちょうど娘は小学1年生。私が育てるにあたり、店と家と学校という3ヵ所を行き来するよりも、店と家を一緒にすることで少しでも娘と一緒にいられるし、娘に与える負担が少なくなると思い、2009年に今の場所に移転し、店舗と住居を同じ場所に構えました。それが、ここ「マンナ」です。

この移転リニューアルの際に、営業スタイルもガラリと変えました。前の店が予約の取れない人気店だったことに対して、天邪鬼な気持ちになっていたからです。うちの味が好きなのではなく、予約の取れない店で食事をすることが好きで訪れる人が増えてしまった。予約が取れないという言葉が一人歩きして、より予約が取れない店になってしまった。そんな循環に嫌気がさして、移転直後は喫茶店のような店としてスタートしました。

喫茶店ですから、パスタはあらかじめゆでておいたものを使うようにしたりと、料理自体も前店と変更。「これでも予約取りたいと思う?」という、一種挑戦的な気持ちでしたね（笑）。このようにスタイルを転換したことで、昔から支えてくださっていたお客さまだけがいらっしゃるようになったので、しばらくして元のイタリア料理店の形に戻しました。

「私らしい店をやる」ことを何よりも大切に

そのまま喫茶店スタイルを続けていたら先が見えなかったでしょうから、途中で軌道修正したことはよかったと思います。理想的なのは、選び抜いた食材を使って、料理は丁寧につくっているけれど、お客さまがふと来たいと思った時に「空いてる?」と言って入って来られるような、気軽な食堂のようなレストラン。うちで食べたいと思ってくださった時に、ふらっと寄っていただけるような形です。10年前に一度来たきりだけど、突然思い出して寄ってくださる、なんていうのも嬉しいですね。それが自分がいいなと思う、お客さまと店の関係です。

私自身がいいなと思ったことを表現する、「私らしい店をやる」ということはとても大切にしています。私はちゃんとした修業をしていないままシェフになり、独立開業しました。もちろん独学で人一倍努力もしたし、勉強もしてきましたが、調理技術がないという思いが根底にあって。そのぶん、料理でも接客でも自分の世界観を大切にしてそれを店で表現することが、オーナーシェフとして私ができることだと考えています。人を雇った時期もありましたが、結局、他人が自分と違うやり方をしていると、ついキツい言い方をしてしまう。掃除一つにしたって、どうして

一日のスケジュール

5:00
起床。目覚ましがなくても「この時間に起きよう」と心に誓うと自然に起きられる。朝食をとる。

7:00
近くの市場で野菜などを購入。8時頃に魚の仕入れのための電話をする。店に戻り、前日分の掃除が終わっていなければ掃除をして、庭の手入れをする。デザートなどから仕込みを始める。

12:00
ランチ営業スタート。

14:30
営業後、掃除と仕込みを行う。「自分が外食する時、油の酸化したにおいが気になるタイプなので、ランチとディナーの間には必ず丁寧に掃除をします」。

も他の人に任せられない。当然ながら、スタッフがすぐ辞めてしまって、ワンオペ営業に行きつきました。

こちらの店舗に移ってからは、2階が自宅なので、小学生になった娘が厨房に来ることもありました。お客さまは「いてもいいのよ」と言ってくださるのですが、私は娘がちょろちょろしていると気になって「部屋に戻りなさい」と言うことも多かった。きっとさみしくて、母親の近くにいたかったのでしょう、営業が終わって娘を見にいくと、部屋ではなく、店のバックヤードで寝ていることもありました。

とはいえ私自身も毎日綱渡りの状態で、営業が終わってから、自宅に戻ることすらもできず、疲れ果ててコンクリート打ちっぱなしの厨房の床で寝てしまったことも。そんな仕事ずくめの母親の姿を見て、娘は反抗していた時期もありました。それでも、仕事の合間をぬって、娘との時間をすごせるように努めました。共通の趣味はバイオリン。私は子どもの頃から習っていて、娘にも習わせました。私にとってバイオリンは友達のような存在で、全然練習はしませんが（笑）、時々とても弾きたくなるんです。親子で一緒に弾いた時間は、貴重な思い出ですね。

独立してから25年。でも「特別なことはしていない」

そんな娘も今はもう大学3年生。里帰りの際に、娘を北海道の札幌にある私の母校に連れて行ったらとても気に入ったらしく、高校からそこに進学したので離れて暮らしていますが、夏休みなどに戻ってきた時には、店を手伝ってくれたりするようになりました。

18:00 夜営業スタート。22時に閉店し、洗い物や掃除をする。

0:00 店での作業を終了し、2階の自宅に戻って食材の発注などを行う。

1:00 就寝。

子育て真っ只中の時は、一人で本を読んだり、出かけたりできる、自分の時間が欲しいと思っていました。それなのに娘が高校に入って、離れて暮らすようになったら、ようやく自分の時間ができたのに、抜け殻のようになってしまうものですね。「自分には何もない」と感じてしまい、しばらくは何もやる気が起きませんでした。一旦成長してしまえば、子どもには子どもの人生があって、子育ては一瞬。今更ながら、そう思います。

鎌倉に初めて店を開いてから、もう25年になります。特別なことはしていなくて、ただただお客さまを大切にしていたら、気づいたらこれだけ長いことやってこられた。私は自分の好きなものがはっきりしているし、それを店でも表現しているから、感覚が合う人が来てくれているのだと思います。長く通ってくださっているお客さまが多いので、そのお客さまが好きなメニューは、いつでもお出しできるようにしたい。そう思うとメニューからはずせない料理が1品、1品とまた増えていき、今では１００品近くをのせています。デザートだけで25品近く揃えているのは、さすがに自分でも異常だと思いますね（笑）。先ほど話したように、料理も接客もすべてワンオペでやっています。

料理人は、大切な人の命を預かる仕事

いつも思うのは、「食」は大したものではないけれど、同時に大したものでもあるということ。食はどこにでもあり、眉間にしわを寄せて、ピンセットでひっくり返して研究するような大仰なものではないけれど、誰かがつくったものを他人が食べるということは、よく考えると大したこ

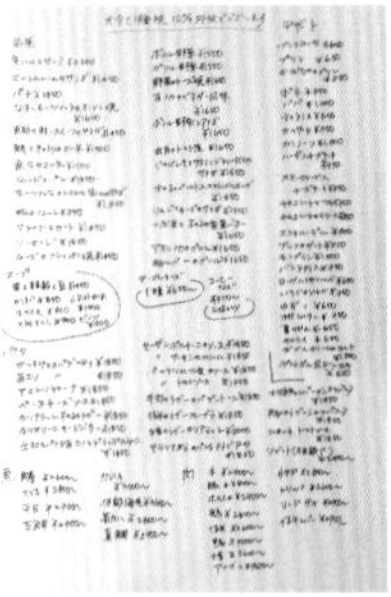

「マンナ」のメニュー。調理・接客・仕込みをすべて一人で行うにもかかわらず、揃えるメニューは100種類近く。お決まりの好きなメニューを食べに来る常連のお客が多いという。

とだと思いませんか？　誰かがつくったものを食べる、というのは究極の信頼の表れですよね。たとえば、重度のアレルギーがある人が、アレルギー食材の入ったものを食べたら、場合によっては命に関わることもあるわけです。料理のつくり手は、食べ手の命を預かっているわけで、料理人とはそういう仕事です。

店名の「マンナ」は、聖書に出てくる「生きる糧」という言葉。飢えた人々が神に祈ると、「貯めたり、売買したりしない」という条件で、神はマンナを与えてくれた。人々は結局、その約束を守ることができず、神に皆殺しにされてしまいます。「生きる糧」の裏にこんな話が隠れていて、きれいなだけではない食の姿を感じますね。料理はただ眺める対象ではなく、人と人の心がリアルにつながったり、交差したりするものです。大切な人の命を預かり、自分のできる誠心誠意を尽くして、料理する。それが、少しでも食べた人の心に残り、思い出となってくれれば、これほど嬉しいことはありません。

ここは、「せめて娘が就職するまでは」という思いで、私と娘が生きるために開いた店です。娘は看護師をめざしており、あと少しで大学を卒業しますから、そうなったら、私自身も働き方を変えるかもしれません。地元の札幌でいとこが野菜を育てているのですが、札幌に戻っていとこの野菜を中心にした料理を出す店もいいかなと思ったり。もしくは、両親が共働きで忙しく、なかなか家庭でおいしい料理を囲めない子どもたちに向けて子ども食堂をやりたいなとも思ったり。これからのことは、まだ考え始めたばかりですが、どんな形にせよ何かしら食に関わっていくことでしょう。

人生における *My Rule*

1. 何よりも自分の感覚を大切にする

2. 店では自分らしさ、自分がいいと思ったことを表現する

3. 「初心＝恥」。これまで感じてきた恥を忘れずに、常に初心に戻る

自分の *Spécialité*《スペシャリテ》 について

幼い頃から、さまざまに姿を変える小麦粉に魅せられたことが、料理の世界に入ったきっかけとなった原さん。今でもパスタやパン、小麦粉を使ったお菓子づくりが大好きで、つくるたびに新たな発見があるという。今回つくったトンナレッリは、キタッラのローマでの呼び方で、断面が四角形のパスタ。イタリアを初めて訪れた際に、ローマで食べて感動した、自身の原点とも言える味だ。ローマ南部のチョチャリア地方はポルチーニが特産で、トンナレッリには生、もしくは乾燥のものを入れるのが定番。今回は乾燥を使い、ポルチーニの戻し汁に仔牛のだしを加えてコクを出している。鎌倉の直売所で手に入れた新鮮なグリーンピースをゆでている鍋に手打ちのトンナレッリを入れて、ともにゆで上がったらソースをつくっておいたフライパンに加える。仕上げに、きざんだイタリア産の生ハムを加えて完成である。イタリアでは、料理の味そのものだけでなく、街中に見られる遺跡の雄大さや、文化、歴史の重みに感銘を受けた。「食はその土地に根付いたもの。その土地ごとの料理に、勝手なアレンジやフュージョンはいらない」と感じるきっかけともなった。以来約30年、日本風のアレンジをしない「イタリアらしいイタリアン」を提供し続けている。イタリアの“マンマ”たちがそうであるように、計量はせず、原さんは自らの感覚で調理をする。たくさん食べる人にはちょっと多めに、満腹そうな方にはちょっと少なめに。そんな心遣いも、マンマたちのそれと同じだ。

つくり方（概略）

1 ポルチーニ（乾燥）を水で戻しておく。

2 イタリア産の00粉、全卵、オリーブオイル、塩を混ぜてパスタ生地をつくる。

3 パスタマシーンを使って成形、カットし、トンナレッリの麺をつくる。

4 鍋で水を沸かし、塩を加える。グリーンピース、次いで**3**のパスタを加える。

5 フライパンにオリーブオイルを入れ、ニンニクを加えて香りを出す。

6 **5**に**1**のポルチーニとその戻し汁、きざんだパセリ、角切りにしたトマト、仔牛のだしを入れる。

7 **4**のグリーンピースとパスタを**6**のフライパンに加える。

8 スライスした生ハムを細切りにして加え混ぜる。皿に盛り、ローズマリーを添える。

トンナレッリ　チョチャリア風

Column

02

「食堂・カフェ・酒場などカジュアル店開業の実例」

料理を生業にする場合、お客の日常生活と地域に密着した形で、カジュアルな食堂やカフェ、バーなどを営む店主も数多い。広範囲から目的客が予約で訪れるレストランとは異なり、これらの店では立地に応じたコンセプト、小商圏で利用頻度を高めるようなメニュー構成や価格設定なども重要なポイントになる。

コラム01でも登場する長野・松本「**ミールストップ**」の**清谷遥さん**（現在31歳）は、東京・幡ヶ谷の飲食店で5〜6年料理人として厨房を預かったのち、その近隣での間借り営業を経て松本に移住。2024年に独立開業を果たした。店は、ワンオペで11時30分〜18時の通し営業。日替わり定食（1400円）の他、焼き菓子やつまみ、ワイン、ソフトドリンクを提供し、食事から昼飲み、カフェ使いまで幅広いニーズに対応する。「間借りと異なり、営業時間を自由に設定できるのは自店ならでは。誰もが立ち寄りやすい便利な場所でありたい」と清谷さん。客数は月500人を超えて経営は順調だという。

東京・西荻窪の食堂「**湯気**」も、アイドルタイムを設けずに通し営業する食堂だ。オーナーの**大塚ゆりさん**と**森岡夏生さん**（ともに現在29歳）は、調理師専門学校の同級生。卒業後、それぞれホテルの日本料理部門や和食店を経て、カフェやケータリング業で料理の仕事を続けていた。しかしコロナ禍で勤務先が休業するなど先行きが不透明な状況に。「なんとか料理の仕事を続けたい！」との思いから、2人で間借りでおむすびと汁物のランチ営業をスタート。これが好評を得て常連客も着々と増えたことで自信を持ち、2022年、本開業に踏み出した。

フードメニューは日替わりの和定食（1200円）1種類に絞る一方、自由業の住人も多い地域にあって、好きな時間に利用できるように11時〜20時30分の通し営業とする。「他人同士でも、同じ定食を食べることで家族的な連帯感が生まれると思います。これからも地域密着型の〝街の定食屋〟でありたい」と大塚さん。客数は月にのべ3000人ほど。2人ではじめた店は、今や8人のスタッフがシフト制で働く場になっている。

調理負担が比較的軽いカフェや酒場の世界には、異業種から転身する店主も多い。福岡・美野島で立ち飲みのナチュラルワインバー「**あまねき**」を営む**森本祐美さん**（現在29歳）もその一人だ。大学卒業後は商社に就職したが、もともと料理好きで「人を幸せにする仕事がしたい」と、福岡のフランス料理店に転職。同店が営む小さなナチュラルワインバーで1年半ほど店長を務めたのち、2022年に独立開業した。

4・5坪の店では、ワインとともにオムレツやポテトサラダなどを提供する。お客にはプロの料理人も多く、共同でイベントを開催することも。博多駅に近いことから、遠方のワイン好きも多く訪れるそうだ。「ワンオペ営業は、営業時間や休日をある程度柔軟に調整できるのもいい点です。初期投資も車1台分くらい。リスクは考えすぎず、さまざまなことに挑戦したい」と話す。

自社直営カフェの他、カフェの開業支援事業、カフェ開業希望者向けのスクール事業を展開する**株式会社アティックプラニング**の**五味美貴子さん**は、経営計画においては、思ったように客数がのびないことも考慮に入れた上での損益分岐点の設定をすすめる。「飲食業は他業種に比べて廃業率の高い業界。修正がきく小さな失敗は恐れず、不調時も店を維持できるように収益構造を組み立てることで、ぜひ継続してほしい」と五味さん。自身も、元はIT企業のSEから転身したカフェオーナーだ。2005年に開いた2店目「attic room」が大ヒットしたことで手応えを得て多店舗展開に乗り出した。直営も含め、これまで立ち上げたカフェは50店以上、スクール卒業生が開業したカフェは130店にのぼる。「カフェはお酒、食事、スイーツと幅広い目的のお客さまを吸収できるのが利点である反面、個性がなければ埋もれてしまうリスクもあります。開業前のコンセプトワークやストーリーづくりはとても大切」と五味さん。これは、どんな業種にも共通する課題と言えるだろう。

また、店を長く続けるためには働き方も大きなテーマになる。東京・月島の「**カモンチ**」は、平日昼間を主体に営む定食とナチュラルワインの店。オーナーの**坂本雅美さん**（現在51歳）が、かつて勤務していたワインバーの同僚や友人に声をかけ、2019年に開業した。福岡の日本料理店に長く勤務した角丸奈津美さん（現在50歳）が調理を担う。2人を含め、5人のスタッフは30〜50代の既婚女性ばかり。うち2人は子育て中の母でもある。

「家族との暮らしも大切に、昼の明るいうちに働いて夜寝るというサイクルを保ちながら、飲食店を営むことはできないものか？と考えたのが、現在のスタイルです」と坂本さん。営業時間は、基本的に平日11時30分〜19時。木曜・金曜のみ21時まで営業し、土曜は隔週営業、日曜祝日は定休日とする。オープン直後のコロナ禍が「昼飲み」というコンセプトには追い風ともなり、開業当初の方針を維持して5年目を迎えた。同店ではテイクアウト商品も販売しており、お昼の弁当の他、近隣の住人の夕食用にも重宝されている。売上げ確保のために、木金の夜営業は不可欠というのが現状だが、仲間とともに長く続けるため、できれば夜営業は徐々に減らし、平日の昼営業だけで経営が成り立つように新たな展開も検討したいと坂本さんは言う。

個人で店を続けるためには、お客のニーズに寄り添いつつ、店主や働き手にとっても無理のない形を模索する試行錯誤は欠かせない。ここで登場するような誰もが利用できるカジュアルな飲食店は、既存の枠組みに縛られない新たなフォーマットを生み出す土壌ともなるだろう。店主たちのさまざまな挑戦が、飲食業界全体の多様性と発展にもつながっている。

（取材・文／坂根涼子）

RESTAURANT《レストラン》 HYÈNE《イェン》 エグゼクティブシェフ

木本 陽子

1991年生まれ ● 東京

RESTAURANT HYÈNE　東京都渋谷区神宮前5-13-14

一流ファッションブランドの店舗が立ち並ぶ東京・原宿～表参道の、大通りの裏にひっそりと佇む、その一帯だけ時計が巻き戻ったかのような古の風情を持つ築70年の古民家。ここが、気鋭の若手シェフ、木本陽子さんのレストランだと聞いて驚く人は多いだろう。おまかせコースの形で提供されるのは、韓国料理のエッセンスを取り入れたフランス料理という、独自性あふれる品々だ。店の佇まいや料理にも象徴される「他とは異なる存在であること」は常に木本さんを取り巻き、心の中心にあった。東京で生まれ育ちながらも、日本と韓国という二つの祖国を持つこと。そして料理界という圧倒的な男性社会の中で活躍していきたいと考える人間であること。同調圧力の強い日本文化の中で、マイノリティーであることは、時にネガティブな目で見られることもあった。しかし木本さんは、マイノリティーをオリジナリティーというポジティブな力に変え、自分の存在を輝かせることに成功した。かつては「石橋を叩きすぎて壊すタイプ」だったが、自身のレストランで掲げる目標である1日8時間労働・週休2日制の実現と、子どもを産み育てながらファインダイニングの現場に立つという未来図を見据えて、今は体当たりで突き進んでいる最中だ。

きもとようこ

1991年、東京都生まれ。日本人の父と韓国人の母のもとに生まれる。高校時代にフランス料理に出合い、辻調理師専門学校を卒業後、東京・六本木の「ラトリエ ドゥ ジョエル・ロブション」で3年ほど研鑽を積む。その後、自らのルーツとなる料理を学ぶために韓国・ソウルの韓国宮廷料理店「ハンミリ」へ。3年滞在し、帰国後は、料理教室を立ち上げるなどフリーの料理人として活動。その後、出資者との出会いがあり、2021年に東京・神宮前に「レストラン イェン」を立ち上げ、エグゼクティブシェフに就任。

「東京の一等地にある築70年の古民家」というギャップのある物件

２０２１年、レストラン開業を後押ししてくれる出資者に出会い、シェフとして自分のレストランを開業するにあたっていろいろな物件を探していました。しかしなかなかいい物件がなく半ば諦めかけていた時に、不動産屋が「一つ、おもしろい物件がありますよ」と。なんと言っても築70年と古い古民家だったので、おそらく選択肢にないだろうなと思われていたのでしょう、「見るだけ見ます?」と言われて内見したのですが、私自身は見た瞬間ビビッと「ここだ」と感じたのです。東京・神宮前で、原宿と表参道からの徒歩圏内。いい立地ではありますが、別に場所が気に入ったわけではないんです。もちろん、古民家を探していたわけでもない。ただ、この家を見た瞬間に、この箱で自分が働いている姿が明確に想像できたんです。ハイブランドのショップが目立つこのエリアにこんな古民家が……というギャップもいいと思いました。

とはいえ、もともとは住居用の家で、しかもしばらく人が住んでいなかったので、改装費用が大変でした。私の場合、出資者はいるので借り入れなどの実務面での問題はありませんでしたが、投資してもらった分はその後の営業で回収しないといけないので。「全部壊して建て直した方が安いよ」とも言われたのですが、この建物が気に入ったので、なるべく雰囲気は残しつつ、レストランとして内装、キッチンをつくり替えました。改装は、建築士である父に依頼。身内なので安くしてもらえましたが、通常であれば５０００万円くらいはかかっていたと思います。

店舗外観。「本当は『看板のないレストラン』にしたかったのですが、お客さまが迷われることが多く、何か目印をと思って店名を入れたバス停の時刻表を置いています（笑）」。

店名と、料理スタイルに込めた思い

店名につけた「イェン」は、フランス語でハイエナという意味です。レストランとしては変わった名前と思われるかもしれませんが、ハイエナは子どもの頃から好きな動物。最初は見た目が犬に似ていて可愛い、くらいに思っていたのですが、小学校の時に自由研究でハイエナについて調べた時に、その生態や役割を知って感銘を受けました。悪者扱いされることが多いハイエナですが、実はその逆。ハイエナは狩猟能力が高いけれど、狩った獲物の一番おいしいところをライオンに横取りされることもあり、それでもライオンが食べ終わるのを忍耐強く待って、自分たちが残りを食べるんです。しかもハイエナは骨や筋、皮などをかみ砕く力、消化できる胃袋を持っていて、他の生き物が食べられない部分まで食べて分解することでサバンナの環境と生態系を守っています。さらに、群れるのでチームワークが強く、リーダーは常にメス。この店は女性シェフである自分がチームを率いますし、加えて人にも地球にもやさしい店にしたいという思いとも重なると思い、イェンと名付けました。また、お客さまには私が探して入手した食材の一番いいところを食べていただいて、残りの端材は自分たちのまかないで無駄なくいただく、というスタイルも、ハイエナの食事と共通するところがあります。

私はフランス料理を学んできたので、店を出す時に出資者からは「骨太なフレンチか、和に振り切ったフレンチ」がいいだろうと話がありました。でも、骨太なフレンチだったら、絶対に自分よりも経験豊かでおいしい料理をつくる人がいる。逆に和に振り切るなら、日本料理の修業経験を持つ人には敵わない。「何をやったらこの世界で注目されるか」と考えた時に、「既存のジャ

— Yoko Kimoto —

店に飾る木炭画。知人のアーティストが描いてくれた、少し優しい表情のハイエナ。

ンルの中で競合するのではなく、自分らしい、新しいジャンルをつくれば勝算がある」と思いました。そこで「韓国料理のエッセンスを取り入れたフランス料理を、日本の食材でつくる」という、独自の道を行くことに決めました。高校生の時に出合って修業してきたフランス料理と、自分のルーツでもあり、現地でも学んだ韓国料理。その二つを融合させ、しかも店がある日本の食材で表現することで、唯一無二のジャンルをつくろうと考えたのです。

さまざまな食を幼い頃から体験させてくれた母親

私の父は日本人で、母は日本生まれの韓国人。母は医療系の仕事でバリバリ働きながら私を産んで育て、45歳の時には「勉強したいことがあるから」と大学院に入り直すなど「鉄人」のような人です。常にゴールを設定して次々にそれをクリアし、時には寝ないで働くハードワーカーでした。私は子どもの頃から母の仕事に同行し、スウェーデンやオーストラリア、米国・ハワイ、フランスなど、さまざまな国に連れて行ってもらいました。母はおいしいものが好きで、オーストラリアでは牧場を訪れて搾りたての牛乳でバターづくりをするなど、私にもいろいろな食の体験をさせてくれました。国内でも、そのへんに生えているノビルを採ってきて、「これは食べられるのよ」と炒め物や味噌漬けにしてくれたり。そのように昔から食材の姿そのものを見て、そのもののおいしさを感じて育った経験は、今の料理づくりの軸でもある「食材をストレートに感じられる料理をつくりたい」という思いのもとになっています。私の体現する料理は、ジャンルは個性的。けれど、一皿一皿においては、料理人の個性が前に出すぎるのはよくないのではとい

う考えです。特に生産者が力を入れて育てる食材は、食材の時点ですでにおいしいので、料理人が手を加える余地がそこまでない気がしています。

仕事柄、会食の多かった母は、幼い私を家に残しておくこともできず会食の席にも連れて行ってくれ、子どもの頃から大人と同じ料理を食べさせてもらっていました。ジビエやカエルなども小さい時に経験済みで、それも自分の幅広い食体験の一つになっています。また、母が家で料理をする頻度は少なかったものの、それでも一度料理をつくるとなると凝った料理を出してくれました。ビビンバやプルコギなど、祖父母の故郷の味である韓国料理はもちろん、旅から持ち帰った食材を使ったインターナショナルな品々が並びましたね。トルティーヤを自分で焼いてタコスをつくったり、イタリアで買った本場の食材でパスタとカプレーゼをつくったり。なお、母の姉が東京で韓国料理の料理教室をしていたので、親戚が集まる時は韓国料理が主でした。

未来に名を残したいから、料理人になるという選択肢を選ぶ

小学校の頃から、両親の帰宅が遅い時は、自分で料理をつくることも多かったです。炒り卵だけとか、火が通っていなくてまだ硬いダイコンが入った薄いお味噌汁とか、今考えるとあまり食欲の出るような料理ではありませんが（笑）、その時は自分でつくったご飯をおいしく食べて、一人で寝るような子どもでした。小学校のお弁当も自分でつくっていて、友達とおかずを交換した時に「おいしい」と言われたことから、「自分でものをつくる仕事はいいな」と思うようになりましたね。そして高校時代のアルバイトでフランス料理店に勤め、そこでフランス料理に惹か

子どもの頃から母の仕事に同行してさまざまな国をまわった他、韓国での料理留学、ヨーロッパでの研修旅行を経験。世界各地の食文化を吸収してきた。

れて高校卒業後は調理師学校へ。最初の修業先も、ガストロノミックなフランス料理店です。料理人という職業を選んだのは、自分の中に「何かで名を残したい」という気持ちがあったからというのも理由の一つ。一人っ子で、一人でいる時間が長かったので空想が好きで、将来はドキュメンタリー番組の「情熱大陸」に出られる人間になれたら、なんて思っていました。いざ将来の道を選ぶ時に、自分の「好きなこととできること」を考え、自分が思い描く何者かに一番近づけると思ったのが料理の仕事だったんです。加えて、料理ができれば、腕一本で世界のどこででも働くことができる。場所に縛られない職業であることにも惹かれました。

「一日2時間睡眠」の修業時代

最初の修業場所は「ラトリエ ドゥ ジョエル・ロブション」。修業時代は、きついことが多かったけれど、負けん気で乗り切ろうと頑張っていました。「石の上にも3年」だし、何がなんでも3年は続けようと踏ん張りましたね。フランス料理の最高峰の店ですから、フランス料理の基本と応用をしっかり学べたのはいい経験です。

修業中に一番大変だったのは、勤務時間の関係から、睡眠時間を極端に短くせざるを得なかったこと。私はもともとロングスリーパーで、十分な睡眠が必要なタイプ。それなのに2時間睡眠になってしまった時期もあり、これは本当にきつかった。お金の節約のために店から遠い実家から通っていたこともあって、過労と睡眠不足で激痩せし、月経が止まってしまったこともありました。当時、厨房に女性は私だけだったので、こういったことはなかなか相談できずに悩みまし

店ではワインの他、日本の「国酒」を広めたいという思いから、稀少な日本酒を取り揃えている。

自分史年表

1991年生まれ　木本陽子

16歳	東京・三鷹の「エサンス」にアルバイトで入り、フランス料理に出合う。 *Turning Point*
18歳	辻調理師専門学校へ。
19歳	東京・六本木の「ラトリエ ドゥ ジョエル・ロブション」にてフランス料理の基本と応用を学ぶ。
23歳	自身のルーツでもある韓国に渡り、ソウルの韓国宮廷料理店「ハンミリ」にて韓国料理を学ぶ。同時に語学も習得し、韓国語を話せるように。 *Turning Point*
26歳	ヨーロッパ横断の旅に出て、ヨーロッパ諸国の食文化に触れる。
27歳	日本に戻り、フリーの料理人として、韓国料理の料理教室を主宰するなどの活動を行う。
30歳	出資者との出会いがあり、物件探しからコンセプトづくりまですべてを手がけて「レストラン イェン」をオープン。エグゼグティブシェフとして店に立つ。 *Turning Point*

たが、勇気を出して相談して、1ヵ月の休みをもらいました。それでなんとか体調は回復したものの、こういう時に、女性の先輩がいて相談しやすい環境だったらな、とは感じましたね。
また、これは後から振り返って感じたことですが、料理の世界は男性が多いゆえに、女性料理人は「男性と対等でなくてはいけない」「女性として見られないようにしないといけない」という意識が生まれがち。でも、どうしたって体の違いはあるのだから、それは無理だと受け入れることが大切だと感じました。それよりも、性別問わず、自分自身の働きやすさを求めながら自然体で厨房に立てることが大事。私も、体の不調について職場に相談しにくかったわけですが、他の店の女性料理人でも、月経中で体調が悪いことを隠したり、お化粧をしないなど美意識をあえて持たなかったりする人がいました。料理界以外の方からすれば「今、この時代に？」と思われるような風潮が、料理界にはまだあるんです。それは、男性が多いという現状によるものと思うのですが、私のような女性料理長やオーナーシェフが現場で行動を起こすこと——極端な話ですが、たとえば妊娠中の大きいおなかで厨房に立ったり、子どもを店に連れてきたり——が、女性が自然体で厨房に立つことを当たり前にする「荒技だけど効果的な方法」ではと考えています。

少数派だからこそ、スポットライトが当たりやすい

ラトリエ ドゥ ジョエル・ロブションに3年ほど勤めた後は、韓国・ソウルへ。小さい頃から韓国料理に触れていたとはいえ、自分が実際につくれるわけではなかったので、自分のルーツの一つである韓国の料理を学びたいという一心で23歳の時に料理と語学の勉強をしに行きました。

一日のスケジュール

11:00
起床し、白湯だけ飲んで家を出る。食事をとると眠くなるため、基本的に午後のまかない以外には食べない。

13:00
この時間までに出勤。その日の予約を確認し、仕込みを開始する。店の装花も自分で生けるなど、店の飾り付けもこの時間に。仕込みが一通り終わったところで掃除をする。

16:00
スタッフ全員でまかないを食べる。終わり次第、最終の仕込みとミーティングを行い、試食。まかないで満腹になった状態で味見をして「それでもおいしく感じられるものをめざす」。

19:00
夜営業。19時からの一斉スタートとしている。

働いたのは、韓国・ソウルの韓国宮廷料理レストラン「ハンミリ」。伝統的な韓国宮廷料理を現代向けにアレンジして提供している老舗で、そこで韓国料理の成り立ちから各品のつくり方までを学びました。同時に、それまで話せなかった韓国語も勉強。3年間の滞在中に話せるようになったのは大きな収穫ですね。

先ほどお話ししたように私は日本人の父と韓国人の母のもとに日本で生まれ、母の教育の姿勢から韓国人のハーフだとはっきりまわりに言っていました。そのため、小さい頃は子どもたちの中でも目立っていたと思いますし、それが理由で、いじめを受けたこともありました。でも、日本で生まれ育って、韓国語も話せなかった自分は、韓国人とも言えない。母国が二つあるというアイデンティティーにどう折り合いをつければいいのか悩んだものですが、同じ状況の友人が近くにいるわけでもなく、誰にも相談できませんでした。そういったマイノリティーの苦しさを、今は逆に自分の独自性ととらえることができるようになったのは自分の強みだと思います。

マイノリティーの苦しさというと、男性社会の料理界の中で女性が働くことも挙げられると思うのですが、今は女性料理人が少ないからこそ、いい意味で自分のキャラクターを利用することも考えていいと思います。少数派ということで、女性料理人にスポットライトが当たりやすいのは事実ですから。たとえば、私と同じ実力の男性料理人がいたとして、私には実力に加えて「女性料理人」というキャラクターがもう一つのっかっているわけなので、表に出る機会があった時に私の方が取り上げてもらいやすいと感じる。もちろん、個人の考え方次第ではありますが、私にとってはマイノリティーであることがプラスになっていると言えます。

— Yoko Kimoto —

22:30
営業終了。掃除をし、店内でスタッフと酒を交わしながら話し合う時間をとる。

0:00
退勤。週の半分は電車で30分ほどの場所にある実家、もう半分は電車で15分ほどの場所にあるパートナーの家へ。帰宅後の晩酌が楽しみの一つ。

3:00
就寝。

当たり前とされてきた料理人の長時間労働への挑戦

韓国留学を終えた後は、ヨーロッパ各国を巡って食文化を吸収した後、日本で韓国料理の料理教室を主宰するなど、店に属さないフリーの料理人として活動していました。そんな中、今のお店「レストラン イェン」の出資者と出会い、2021年に店をオープン。これからはこの店を盛り立てていき、この店をやりながら出産や子育ても経験したいと考えているところです。昨今の料理業界の問題である長時間労働にも向き合いたく、まだ完全に叶えられてはいませんが「週休2日・1日8時間労働」を目標に店の基盤づくりをしています。

日本の料理業界では、労働時間が長いのが当たり前という風潮があります。確かに、時間をかけて繰り返すことで調理のスキルは習熟します。アスリートやアーティストの練習と同じようなものですね。でも、労働時間をひたすら長くしてそれを積み重ねること「だけ」がよしとされることに関しては、疑問を持っています。料理を仕事にするにしたって、どういうふうに働くかは、個人が選択できたほうがいいと思うからです。たとえば、ここイェンでは、ディナー営業のみの19時一斉スタートにすることで、数名いるスタッフの始業時間を昼12時とし、勤務時間をできる限り短くしています。始業時間の12時までは寝ていたければ寝ていていいし、上をめざしたければ他の店での研修や勉強に充てればいい。休みも週休2日としていて、もちろん遊んだっていいし、向上心があるなら話題の遠方の店に食事に行ったり、生産地に行ったりすることもできる。つまり、勤務時間はこれまでの料理業界の当たり前よりも短くし、残りは個人にゆだねる形です。調理技術の向上をめざすのなら、自分で努力する必要がありますが、それを誰もが一生すべての

同店の料理はシンプルであるぶん、器は華やかなものを選ぶことが多い。すべて伊万里・有田焼伝統工芸師の石原豊孝さんの作品。

ライフステージで行うべきだとは思いません。レストランは、いろいろな人がいろいろな働き方を実現できる受け皿にならないといけないと考えるからです。

自分が思い描く、料理人としての未来

直近の目標としては、まず「週休2日・1日8時間労働」を実現すること。次に、このイェンを運営しながら、子どもを産んで育てることです。もちろん結婚や出産は、たとえばパートナーが望むかどうか、結婚したとしても子どもができるかどうか、といった自分以外の要素に左右されることが多いのですが、私自身としては、シェフを続けながら出産し、赤ちゃんを抱っこ紐で抱っこしながらでもここに立つ覚悟があります。それくらいのことを現場がしないと、世の中の意識が変わっていかないと思うからです。以前、フランスに3ヵ月ほど滞在していた時に、あるレストランで食事をしていたら、シェフの子どもが客席を走りまわっていてびっくりしたことがありました。日本の、特に当店のようなファインダイニングだったら異様な光景だし、叩かれる可能性が高い。でも、自分が子どもを走らせていても、常連さんが保護者のような温かい目で見守ってくれるような一つのコミュニティーをつくり上げることが、自分の理想です。

もともとは想像力がありすぎるせいで、石橋を叩きすぎて壊すタイプだったんですが、今は考えるより行動したいという気持ちが強い。あまり人が歩いていない道を歩くことに不安がないわけではないけれど、最終的には「生きていて、ご飯が食べられればどうにかなる」と腹をくくっているので、今は自分の目標に向かって体当たりで突き進みたいです。

— Yoko Kimoto —

人生における My Rule

1. 少数派であることをオリジナリティーとしてとらえて、独自の表現を行う
2. いろいろな人が、いろいろな働き方で働ける場所をつくる
3. 「生きていて、ご飯が食べられればどうにかなる」とどっしり構える

自分の *Spécialité*《スペシャリテ》について

熟成したジャガイモの甘みに感動したことと、小さい頃に母親が韓国餅「ソルギ」をつくってくれたことから着想を得て生み出した一品。ソルギは米粉を蒸してつくる餅で、母親は米粉に加えて、韓国でも定番であるカボチャや小豆風味のソルギをつくっていたが、それらをジャガイモに置き換えて表現した。使うのは、収穫後、雪室で2年熟成した北海道産のジャガイモ。これを蒸してから裏漉して米粉ともち米粉とともに混ぜ合わせて生地とし、発酵バターをたっぷり加えたジャガイモのピュレを包み込んで蒸し上げる。ふわふわの生地を割ると、フォンダンショコラのようにトロリと濃厚なピュレが流れ出る仕立てだ。上には国産のキャビアの中でも風味がいいと感じた静岡産の「ハルキャビア」をのせて、その塩気でソルギの甘みを引き立てる。横には「クセがないのにしっかりと燻香がつく」というオニグルミのチップで燻したアンチョビ風味のクリームを添えて、アクセントにした。自身のルーツである韓国の伝統的な餅、修業したフランス料理の代表的な付け合わせの一つであるジャガイモのピュレ、そして今店を営んでいる日本の高品質な食材。自身の歩んできた道のりとこの店で表現したいことを一皿に集約して表現したもので、ファンが多い料理となったことからもスペシャリテとして提供するようになった。

— Yoko Kimoto —

つくり方（概略）

1 ジャガイモ（雪室で2年熟成させたもの）を蒸して、裏漉しする。

2 米粉ともち米粉に水を加えてすり合わせ、**1**を加え混ぜる。パラパラの粉状になったら、使う直前まで冷蔵庫に入れておく。

3 クッキングシートの上に置いたセルクルの底と側面の内側に**2**を厚めに塗り付け、カップのような状態にする。

4 **3**の中に、発酵バターを多めに加えてやわらかく仕立てたジャガイモのピュレを絞り入れ、上から**2**を被せて均し、蓋をする。コンベクションオーブンのスチーム機能を使って蒸す。

5 **4**を皿にのせ、キャビア（静岡県産「ハルキャビア」）を盛る。横にオニグルミのチップでスモークしたアンチョビクリームを添える。

二年熟成じゃがいもの
フォンダンショコラ仕立て

里山十帖 料理長

桑木野 恵子

1980年埼玉生まれ ● 現・新潟

里山十帖　新潟県南魚沼市大沢1209-6

雪深い山に春が訪れると、山に分け入り、山菜を摘む。長い冬に入る前に、手に入る食材で保存食を仕込む。そこにあるのは、綿々と続いてきた「生」と直結した「食」のあり方だ。桑木野恵子さんは、これまでに美食の世界の表舞台では語られてこなかった、名もなき人々が自然の中で生きる知恵として紡いできた料理を洗練させて提供している。オーストラリアやインドへの旅を経て新潟・魚沼の料理旅館「里山十帖」で仕事を始めた当初は、「雪に閉ざされたこんなに何もない場所で料理ができるのか」と不安に思った。しかし、地元の人が真冬に振る舞ってくれた料理は、さまざまな色と味、香りに満ちていた。これまで見えなかった世界に魅せられて「この料理を理解するまで帰れない」と思うように。それからは、地元のお年寄りから山菜の生える場所や冬を乗り切るための保存食のつくり方について学び、口伝で伝えられてきた手法を身につけていく。そのうちに料理をつくることは、自然を理解することと等しいのだと気づき、営業前に早朝から勇んで山に入る日々を続けた。しかし、そのように料理長として必死にやってきた中で、ある日突然投げかけられたスタッフからの苦言。そこからの気づきが、自らのあり方を変えていった。

くわきのけいこ

1980年、埼玉県生まれ。大学卒業後、エステティシャンに。アロマテラピー、アーユルヴェーダへの興味からオーストラリアへ渡り、そこで出合ったヨガの世界に惹かれる。本格的にヨガを学ぶため、ネパールやインドを歴訪。滞在中にインド各地の家庭料理を学び、スパイスの知識を深める。帰国後は東京・吉祥寺のヴィーガンレストランで料理長を務める。2014年の開業時から新潟・魚沼の料理旅館「里山十帖」で料理人として働き始め、2018年に料理長となる。

「香り」に惹かれてエステの世界へ足を踏み入れる

大学卒業後に最初に勤めたのはエステ業界。香りやアロマの世界に惹かれて、都内のエステサロンに勤務しました。スイスのフィトアロマブランド「ポール・シェリー」の商品を使っていたサロンです。ポール・シェリーはアロマの調合がとても上手で「香りで癒す」というコンセプトも気に入り、アロマの世界に入り込みました。

エステティシャンとして働くだけでなく、指導役や新店舗のオープンなども任せてもらい、刺激的な毎日でした。でも、若くて経験があまりない私が指導役をしていいのだろうか、という思いが膨らみ……。就職して3年がすぎた頃、もっと知識を深めたい、エステという切り口を通して世界を見てみたいと思うようになり、フランスに渡ろうと考えました。フランス語を学び、ワーキングホリデーを申請しましたが、なんとビザがおりなかった。学生ビザで渡ろうとも考えたのですが、それもうまくいきませんでした。どうしよう、と考えていた時、以前新店舗立ち上げの時にインテリアを手伝ってもらった年配の男性から、「君の雰囲気はフランスっぽくない。むしろアーユルヴェーダが向いているのではないか」と教えてもらったのです。

アーユルヴェーダとは、インド・スリランカの伝統医学の一つ。調べているうちに、オーストラリアにアーユルヴェーダを学ぶことができるプログラムがあると知りました。そこで、オーストラリアにワーキングホリデーで行くことにしました。

「アーユルヴェーダ」で食と健康に対する考え方が変わった

エステティシャン時代も、自分の健康には気を使っていたつもりでしたが、オーストラリアでは、食と健康に対する考え方が大幅に変わりました。以前は美しくありたいと思うあまりに、食べることに対する罪悪感がありましたし、「体重が40kgキロ台でないと美しくない」と思っていたんです。食事といえば、鳥の餌のようなちょっとしたものをつまんで、ダイエットコーラを飲んだりしていました。今考えたら、間違った美しさを求めていたと思います。

そんな考え方が、オーストラリアでアーユルヴェーダを学びながら暮らすうちに変わっていきました。アーユルヴェーダの食は基本的にベジタリアン。肉や魚、卵は食べないけれども、乳製品はOKでした。寮で自炊しながら暮らしていたのですが、一緒に勉強していた友人や寮の仲間もベジタリアンだったので、制限と感じることなく、「自由においしく、そこにあるものを食べる」という考えの中、自然とベジタリアンになってきました。

アーユルヴェーダの考えの下でのベジタリアンの生活を2年ほど続けたのですが、もっと人間の体の仕組みや、本来の健康とはどういうものかを知りたい、という方向に自分の考えがシフト。アーユルヴェーダとも関わりの深いヨガと出合い、ヨガを習いたいと思うようになりました。

インドへ渡り、ヨガと料理漬けの生活を送る

まずはネパールのポカラに行き、生活費を稼ぐためにカフェを手伝いながら、料理も教わりま

インドにヨガの哲学を学びに行った桑木野さん。約2年に渡って勉強をし、その間に、地元のお母さんたちから料理やスパイスについても学んだ。

した。そこでヨガを深めるにつれて、身体的な訓練ではなく、背後にある哲学を知りたいと感じ、本場のインドへ。お金がなかったので、バックパッカーとして生活していました。アシュラムと呼ばれるお寺の宿坊のようなところに泊まる以外は、1日100円の宿に泊まることもあり、だいぶ鍛えられましたね。温かいシャワーか水かで宿の値段が変わってくるんです（笑）。治安の問題もあったので、夜出歩いたりはせず、ヨガの練習と料理、アーユルヴェーダを学ぶだけのストイックな生活でした。

インドでは飲食店では働いていませんが、スパイスにも興味があったので地元の人と一緒に料理をしていました。インド各地をまわって、地元のお母さんがつくる郷土料理や家庭料理を学んだんです。その頃もベジタリアンの食事を続けていたのですが、野菜という一つの縛りがある中でもおいしい料理がつくれるというのがおもしろかったですね。

現地では家畜の屠畜場に行ったり、道端で亡くなった人を見ることがあったりと、生と死が交錯する瞬間を何度も目にして、生きるとはなんだろうという問いに直面しました。命の儚さを感じると同時に、自分が生きるために食べるものについて、あらためて考えるきっかけになりましたね。よくインドに行くと哲学的な考えに至ると言いますが、本当にその通りだと思いました。

実際、自分も食中毒で2回くらい死にかけました。現地の人と同じ料理を食べていたのですが、何が原因かはっきりしないままひどい食中毒になって。水も飲めず意識が朦朧とする中、クリニックで薬をもらって、なんとか生き延びました。それでも日本に帰らなかったのは、めざしたことをやり遂げなければ帰りたくないと思っていたからです。

「食の原点」に関わる仕事を志す

その後、合計2年間に渡る、ヨガの哲学の授業を全部修了したタイミングで日本に帰ってきました。このままインドにいて、考えや幸せの概念を同じくする、純粋な人たちとともに暮らした方がいいのではないか。日本に帰ったとしても、ベジタリアンで、インド帰りの自分には、今更日本の生活は合わないのではないか。帰国前はそんな思いを抱えていたのですが、授業を受けた先生から、「インドでの体験をあなたのフィルターを通して話すことで、世の中に対して何かを発信することができるのでは」言われた。その時初めて、日本で「食の原点」にフォーカスした仕事がしたいと思うようになりました。インドでは「何を食べるか」について、とても意識的になったからです。生きることと直結した、本当に豊かな「食べること」とはなんだろう、と考えるようになりました。そこで、帰国してヴィーガンレストランのシェフの仕事を見つけて、働き始めました。昼間だけの営業だったので、夜はヨガを教えたりもしていましたね。

そこは、日本人の女性オーナーの店だったのですが、その方が海外に引っ越すことになり、店を引き継がないかという誘いがありました。でも、ここでやり続けるのも違う気がしていろいろと考えている時に、図書館で『自遊人』という雑誌を見つけたのです。そこでは新潟・魚沼に開業する「里山十帖」が紹介されていました。里山十帖は、自遊人を発行している株式会社自遊人が運営する料理旅館で、「Redefine Luxury」がコンセプト。体験と発見を真の贅沢ととらえ、自然の力強さを感じる食を提供すると書いてありました。その記事にあった「畑をやりながら料理を出す」というスタイルが今の自分に合うと思い、働いてみたいと感じるように。私は料理も英

新潟・魚沼の雪が厳しい山あいに立地する料理旅館「里山十帖」。

語もできるし、ヨガも教えられる。里山の宿泊施設という場所柄、自分の経験をいろいろな形で役立たせることができるだろうと思いました。

軽い気持ちで新潟行きを決意し、現地で途方に暮れる

当時は東京に住んでいましたが、東京ではなんとなく地に足がついていないと感じていましたし、そもそもずっと旅をしていたので、新潟に移住することはすんなり決断できました。採用面接は新潟でありましたが、「インドに行くより新潟は近いな」という、本当に軽い気持ちで行ったものです。面接は10月だったので雪はありませんでしたが、いざ働くことが決まって引っ越したのは1月、しかも大雪の日でした。里山十帖は雪で街から隔絶された土地にあり、同じ「自然の中」とは言っても、海に近く太陽の光あふれるインドとはまったく違う場所でした。

当時里山十帖には日本料理を専門とする北崎裕料理長がいて、私はその下で働く立場でした。オーナーの岩佐十良さんからは「ここにあるもので料理をする」と聞いていましたが、正直に言うと「こんな雪の中で食材も少ないのに、何を使って料理をつくるのだろう？　ダイコンとニンジンしかないのに？」と途方に暮れたものです。

そんな中、真冬の2月に、地元のタクシー会社の社長、村山達三さんが開催する「自然を食う会」に参加させてもらったことが転機になりました。村山さんは、自分で山に入ってとってきたものを地元の人に振る舞うという活動をされていたんです。ここは雪に閉ざされて何もない場所だと思っていたのに、会場にはさまざまな食材を活用した多彩な料理が並んでいた。味もおいし

里山十帖でともに働くスタッフたち。リーダーシップとは何か、チームワークとは何か、体当たりで学んでいった。

自分史年表

1980年生まれ　桑木野恵子

22歳　大学を卒業し、都内のエステサロンに勤務。

25歳　フランスへ行く予定がビザがおりず、オーストラリアへ。ここで アーユルヴェーダやヨガの世界に向き合い、学びを深める。食に対する意識が変わり、ベジタリアンの食事をするようになる。その後も世界各国を巡る。 Turning Point

31歳　ヨガの知識を深めるためにインドへ渡り、2年ほどすごす。 Turning Point

32歳　帰国し、東京のヴィーガンレストランで料理長として働く。

34歳　株式会社自遊人へ入社し、新潟・魚沼の「里山十帖」の厨房で働き始める。

39歳　以前から興味があった、マレーシアのレストランで3ヵ月研修。戻ってきて、里山十帖の料理長に就任する。 Turning Point

いし、村山さんが使っている食材はどこでどうやって手に入れたものなのか、とても興味を覚え、「この料理を覚えないと帰れない」と思ったのです。

そこからは、インドのお母さんたちのところで料理を習ったのと同じように、ここの食材と料理を学びました。山菜の採れる場所やそれを使った保存食などを覚え、3年後には、村山さんの食事会で見た一通りの料理がつくれるようになっていました。

マレーシア研修から帰国後、いきなり料理長に

また、ちょうどその時、たまたま厨房に十分スタッフがいて、自分が抜けても困らないタイミングだったので、かねてから興味のあったマレーシアのファーム・トゥー・テーブルスタイルのレストラン「ア・リトル・ファーム・オン・ザ・ヒル」に研修に行こうと思いました。オーガニックの畑を持ち、ジャングルの中で採れる「マレーシアの山菜」と言えるようなハーブを使っていることに興味があったのです。辞めてもいいから行きたいと思って会社に相談したら「休職にして行ってみたら」と言ってもらえて、3ヵ月ほどマレーシアに行きました。ここではゆったりとした時間の流れの中、あらためて自分自身を見つめ直すことができた。向こうの店はビザを取って雇用しますよ、と言ってくれたのですが、日本のように季節感があるところで働きたいと思ったのと、せっかく休職扱いにしてくれた会社に申し訳ない気がして帰国しました。

帰国するなりオーナーの岩佐さんから突然「料理長を任せる」と言われて驚きましたね。もちろんプレッシャーもありましたし、それまでいわゆるファインダイニングのコース料理を組み立

てる経験が少なかったからです。また、北崎料理長の右腕として働いているうちは、農家さんに直接行って話をしたり、山に入ったりする時間も取れていたし、自分が好きな野菜料理に集中できていたけれど、自分が料理長になる以上は、コース全体を見なくてはいけない。引き受けたものの、とにかくすべてが不十分という気持ちで、不安でした。そこで料理長になってからは、とにかく見て、食べて、体験しなければと、日本料理だけでなく、フランス料理やイタリア料理などの話題の店をまわり、片っ端から食べ歩きました。また、岩佐さんがここで主催している田植え体験イベントには、東京の著名な日本料理やすし店の方々がいらしてましたから、そういったお店も訪問させていただき、コースの流れについても勉強しました。

「桑木野さんが怖い」という言葉から、自分を見直す

料理の面だけでなく、料理長としてチームを率いるのも大変でした。それは、私の性格上、です。もともと何でも一人でできるタイプで、「誰かに合わせる」という経験が少なかったこともあり、自分が料理長になりたての頃は、みんなが自分と同じような志で自分と同じようにやることを求めていました。それに、自分が料理長として未熟であるぶん、とにかく完璧でないといけないという意識から、スタッフを怒ってしまったり。スタッフに対しては「どうしてそんなに意識が低いの！」という思いが先にきてしまって、チームワークどころではありませんでした。

また、ちょうどその頃『ミシュランガイド新潟』が発表されるタイミングで、会社からも「一つ星は欲しい」という要望があったことで、プレッシャーに拍車がかかりました。そんなある日、

新潟の冬に欠かせない、発酵食品や保存食づくり。里山十帖でも数々の保存食を自家製しており、料理に使う。野菜は雪室で保存。

一人の女性スタッフから「桑木野さんが怖くて仕事に行きたくない」と、私の上司に訴えがあったんです。正直、ショックでした。私はこんなにスタッフに背中を見せて、休みの日も料理研究に費やし、自分の時間を全部料理に捧げて、仕事をしている。スタッフもその姿勢はわかってくれていると思ったのに、なんでついてきてくれないの？　と。「怖くて辞めたい」と言われるなんて、思ってもみなかった。でも、彼女の言葉に、私は独りよがりだったのだと気づかせてもらいました。自分が一生懸命になるあまりに、まわりにもそうであることを強制してしまっていたんですね。人は、性格も考え方も、置かれた環境も違う。それを、自分がこうだから、当然同じようにするだろう、なんて考えていたのが間違いだったんです。それからは、チームで動くとはどういうことなのかを考えるようになりました。今は厨房のメインのスタッフはたまたま男性が多いのですが、当時はスタッフに若い女性が多く、まずは彼女たちの話を聞くようにしました。その会話によって、みんなの個性が違うことを理解することから始めたのです。その上で、それぞれのよさをこの場所でどう輝かせることができるかを考えるようになりました。

今、大切にしているのは、責任を分散させることです。うちの料理は、山菜を自分たちで山から採ってくることから始まります。また、旅館ですから、夕食に加えて朝食も提供しており、やること自体は豊富にあります。すべてを全員で行うのではなく、「〇〇は〇〇に任せる」というように、ある仕事はあるスタッフに任せて責任を分散させ、その仕事に関しては自分の責任で自由にできるというシステムにしています。また、たとえば朝食を任せる子には、早朝から働いてもらうぶん夕方には勤務時間を終了させるなど、働きやすさも意識しています。個人的には、給料よりも余暇を増やした方がチームの効率が上がっている気がしますね。

一日のスケジュール

7:00
起床。20分ほどヨガをしてから、身支度を整える。山菜が採れる時季は5時起床で、6時頃から山に入る。

8:00
生産者を訪問。終わり次第、公共の天然温泉へ。これは健康の秘訣であると同時に、地元の人から自然について学ぶ情報収集の場でもある。

10:00
出勤。その日の予約を確認し、仕込みを開始。営業終了まではほぼノンストップ。合間に打ち合わせや取材対応、研修生の依頼など、英語や日本語でのメールの返信などを行う。

16:00
まかないをスタッフ全員で食べる。

18:00
夜営業スタート。

世界を知って感じた、日本で働くことの独特の厳しさ

里山十帖で働きたいといろいろな子が来てくれて、働きやすさも意識しているつもりではあるけれど、県外から来た子も多く、この土地になじめないで帰ってしまう子もいます。東京のように気晴らしができるところがないし、やはり一人なので、家と店との往復になってしまう。特に自然の厳しい冬の時期は、精神的にもきつい部分はあるでしょう。そのため、店以外の地元の人たちのコミュニティーと関わる機会を積極的につくっています。自主参加ではありますが、村の行事に参加してもらうこともあります。あとは、夏に研修生が海外から来る時があるのですが、研修の最終日に、すぐそばにある居酒屋に行って、仕事以外の場で海外からの研修生と触れ合う機会をつくる。海外の人と話すことで、スタッフも考え方が変わったりするので、そういうことをきっかけにしていずれは海外に出て世界を見てほしいという気持ちもあります。

日本で働いて生きることには、日本独自の難しさがあるように思います。日本は社会が個人に求めるレベルが高いと感じるからです。みんな真面目で、勤勉で、それに負けたくないと思うと、自分も必死にやるしかない。かつて私もスタッフに高いレベルを求めてしまっていたわけですが、やっぱり、そんな働き方はちょっと疲れてしまいますよね。私は新潟にいるから、心身のバランスが取れていると思います。ちょっと行けば山があって、自然の中で深呼吸できる。東京だったらバーンアウトしていたかもしれません。自然に囲まれたこういった環境で私たちの料理を食べたいという点から里山十帖に興味を持ってくださる方も多いです。

ここで出しているのは、自分たちが山から採ってきた食材や、地元でも受け継がれてきた保存

— Keiko Kuwakino —

23:00

営業終了後、掃除ののち、試作などを行う。発酵の仕込みがある場合は深夜2時頃までかかる場合も。

1:00

退勤して帰宅し、就寝。

食を活かした料理。ここの郷土料理から着想を得た品もあります。山の食材で料理をつくっているので、やはり昨今の環境の変化を強く感じます。去年まで山菜が採れていたところで、山菜が採れなくなることもあります。地下水が出なくなっているなどの問題もあるようで、早急な対応が必要だと感じますし、料理以外の専門家の話を聞いて、自分が何かできるかを考えています。

そんな環境の中で、自分が日々行うこと、選択するものすべてが、世の中の役に立つものであってほしいという気持ちが生まれました。生産者から仕入れる食材にしても心から応援できるものを選び続けていきたいと思う。ヨーロッパでは、そういった点においてシェフたちが連帯して動いています。たとえば、シェフ同士でオーガニックの農園からまとめて食材を買い入れて分け合うなど。こういった連帯が、日本にもあったらいいな、と思うのです。一人ではできなくても、シェフ同士のつながりによってできることが確実にあります。

私は、料理だけをやっていきたいというタイプでなく、今の表現の仕方が料理であるだけ。だから、「料理」ということ自体にそこまで固執してはいません。特に海外では、おいしいだけのものをつくるのがシェフの仕事ではなく、料理がそのシェフの生き方の表現になっていて、その料理をつくることで、社会的にどういった意義があるのかを問われます。私は、料理を通してこの土地について、環境について、発信していきたいという思いがあります。

この世界で上をめざしたいのは、純粋な好奇心から

私自身、今のところ子どもはいませんが、スタッフは若い子が多いので、子育てしているよう

地元の人と一緒に山に入り、食材採集を行うことも。特に山菜の時季は毎朝早朝から採りに出かける。

な感覚にもなりますね。料理の仕事をしていなかったら、普通に結婚して、たとえばオーストラリアで暮らしていたかもしれないと思います。でも新潟に来てからは、結婚や出産よりも、とにかく仕事をやりたかった。もちろん子育てしながら活躍している女性シェフもいるので、子どもを持ちたいと思ったこともあります。ただ、一方で、相手がいると自分一人の問題ではなくなり、難しいこともありますよね。キャリアに向かって突き進む「前」であれば、結婚してキャリアと両立させる道を確立する方法があるかもしれないけれど、一度キャリアをスタートして上をめざす途中にある自分としては、途中で何かを変えるのはけっこう難しいと感じます。相手が理解してくれるといいけれど、やはりそれは簡単なことではないと思います。相手が私を必要とする時に、一緒にいられないこともあるのですから。

私はこれからも世界を経験したいし、いろいろなものを見たい。そのためにはもっと実力をつけ、発信力を高めていかないといけない。料理の世界でまだまだ上っていきたいという気持ちが強く、それは、インドに行った時と同じ好奇心によるものです。私の生き方が正しいとは言えないし、おすすめはできませんが、そんな自分が削った命を料理として発信し、その料理が誰かの何かのきっかけになったら、とても嬉しいです。

人生における My Rule

1. 何事も自分で「やりきった」と思うまで食らいつく
2. 自分の好奇心に従って、その世界で上をめざす
3. おいしいだけの料理ではなく、自分の生き方の表現としての料理をつくる

自分の Spécialité《スペシャリテ》 について

「里山十帖」のある新潟・魚沼では、年間100日もの降雪期があるという。約8000年前、縄文時代の頃から雪の多い環境であったこの地域では、厳しい自然の中で生きる知恵が蓄積され、人々は雪国独自の風土と生活暦の中で暮らしてきた。「ここを含めた雪国では、冬が終わったその日から、来年の冬の準備を始めます。春は山に芽吹くたくさんの山菜を塩蔵や乾燥、瓶詰め、発酵食品にして保存。夏にはベリー類やマタタビの実、夏野菜を同じように保存。秋はキノコ狩り、クルミ拾いをし、柿やダイコンを干す。冬を生き延びるために、たくさんの仕事があります」。日々食材が変わる里山十帖では、シグニチャーディッシュと呼べる料理はないが、今回紹介した品は、春に保存したゼンマイ、夏のマタタビ、秋の山クルミを和え衣にして、冬のダイコンからつくった自家製の切り干しダイコンを合わせており、それぞれの季節に保存しておいた食材を取合わせた、まさに里山十帖のすべてを表現した品。元になったのは、郷土料理の「からしなます」だ。切り干しダイコンをゴマとカラシで和えたもので、冠婚葬祭の際につくられるものだという。しっかりと辛くて、一説には喜びや悲しみの涙を「辛いから」という言い訳で隠せるようにつくられたとも言われている。まさに雪国の時間と風土と文化が生み出した味だ。

つくり方（概略）

1 ゴマとクルミを煎って、すり鉢でペースト状になるまで丁寧にする。醤油、酢で調味し、クルミのペーストとする。

2 ゼンマイを2日前から水で戻しておき、醤油、ミリン、酒で調味して一晩置く。

3 塩漬けしていたマタタビをスライスして水にさらし、軽く塩気を抜いておく。

4 自家製切り干しダイコンを水で軽く洗い、戻して、軽く炒める。

5 **1**のクルミのペーストと、**2**、**4**を合わせ、皿に盛りつける。マタタビのスライスをのせる。

春夏秋冬の保存

CHILAN《チラン》 オーナーシェフ

ドグエン・チラン

1988年東京生まれ ● 現・広島

CHILAN 広島県廿日市市阿品4-2-39

広島の観光名所、宮島へ渡る宮島口から電車と徒歩で10分ほどの住宅街にある伝統的な蔵風のモダンな一軒家が、シェフのドグエン・チランさんと夫のソムリエ藤井千秋さんがオープンした「チラン」だ。東京生まれ東京育ちのチランさんが広島で開業したのは、「やりたいことを実現するにはどうしたらいいかを考えた結果」。大切にするのは人生の優先順位で、今、本当にやりたいことのために優先順位の低いものを手放した。つまり「東京」という場所を手放して、より環境が整っていた広島に店を構えることを選んだのだ。そして、移住してまもなくわかった妊娠。妊娠・出産前後は、長期間休業してブランクを空けることを避け、「トップスピードで走らずとも、エンジンを切らないこと」を意識。子育てをしながら店を開ける形を試行錯誤の末、今は週3日・ランチタイムメインの営業に落ち着いた。「ゼロからスタートするのはエネルギーがいるので、ゆるやかにでも動き続けていたい」と考えたからだ。お客に広島まで来てもらうには独自性が必要と考え、提供する料理として、学んできたフランス料理ではなく自分のルーツであるベトナム料理を選択。国内外の食材やナチュラルワインを始めとする生産者訪問、アートやデザインがインスピレーションの源だ。

1988年、東京都出身。ベトナム戦争の難民として来日した両親のもとに生まれた移民二世。もとはパティシエをめざしていたが、高校在学時に東京・白金台のフランス料理店「ステラート」でアルバイトをしたことがきっかけで料理人を志す。フランス料理店数店で修業し、フランスのレストランやオーストラリア・ニュージーランドのワイナリーで研修する。一度は料理の世界を離れてIT業界に転ずるものの、料理の道へ復帰し、家庭と料理人の仕事を両立するため、また生産者に近い地を求めて、2019年に夫の出身地である広島に移住。2020年9月、モダンベトナム料理店「CHILAN」を開業する。

レストランの開業を目の前にして、妊娠が発覚

夫の地元・広島県廿日市市でレストランの独立開業を準備していた2020年。物件を購入し「さあ、これから頑張って働こう」という矢先に、私の妊娠が発覚しました。子どもは欲しかったものの、実は1年半近く不妊でした。しかも、治療はしないと決めて、できないならできないで猫とともに余生をすごそうと保護猫を迎えた直後。もちろん、待望の第一子妊娠はとても嬉しくありがたいことだったのですが、2020年9月にレストランをオープンすると決めていて、出産が12月だったのは想像以上に大変でした。妊娠中は開業準備で頭がいっぱいだった反面、想像以上に体の自由がきかず、前ほど無茶ができない/無茶をしてはいけないのとで、自分を自制するのが難しかったですね。産地を巡って勉強してきた大好きなワインが飲めなくなったことによるストレスもあります。毎年ヴィンテージの更新や新規ワイナリーの誕生がありますし、人生で何回出合えるかわからないような貴重なボトルが目の前で開いたのに飲めなかったり……。妊娠・出産によって1年以上知識と体験にブランクが生まれてしまうのは恐怖でした。

その時点ですでに2年半飲食業界を離れていたので、厨房で料理をつくることにもこれ以上ブランクを空けたくなくて、12月に出産して3ヵ月産休を取った後に、ランチタイムだけ週3日の営業を再開しました。自分の100%を賭けられなくとも、完全に離れてしまうよりは細く長く現場とつながっていたいと考えたからです。今も子どもを保育園に預け、夫の実家に協力してもらいながら育児とランチメインの営業を両立しています。子育てしながらバランスよく働く道を模索するために大切にしているのは、まずは子どもを言い訳にしないこと。子どもを産んだのは、

店は、瀬戸内海を望む広島県廿日市市阿品に立地。建築士の夫婦が別邸として建てた一軒家の一階を店舗として改装した。客席はカウンター8席。

あくまで私のエゴです。それなのに「アナタのせいで好きなことができない」なんて言うのはさすがに自分勝手すぎると思うので。まずは足るを知る、与えられた環境の中で何ができるかを考えるのが私の根本的な姿勢です。もう一つ大切にしているのは、自分の機嫌は自分でとる、つまり情緒コントロールをすることです。自分はけっこう上手い方だと思っていたのですが、妊娠中や、息子が2歳くらいのイヤイヤ期だった時にノイローゼになりかけ、自分をうまくコントロールできなくなったことがありました。今は、特定のヒトやモノに依存せず、依存先を多く持つことを心がけています。美術館をまわったり、デザイン書を眺めたり、好きな音楽を聴いたり、敬愛するショコラティエのチョコを食べたり。何より大きいのは、愛猫の存在でしょうか。

店自体も、自分たちの好きなもので満たしています。ジャズピアノをやっていた夫のヴィンテージピアノを置いたり、「広島とベトナム」というテーマに沿って好きな器を揃えていたり。ベトナムのヴィンテージの器が多いのですが、古いものには平皿がないので、平皿は瀬戸内の海をイメージして広島の陶芸家、若狭祐介さんにつくってもらいました。

働きやすい環境を自分たちでつくり出す

働きやすさのために何よりも意識していることは「定数ではなく変数を動かす」ことです。もといた東京では土地・テナント料の高さや待機児童問題など、自分の力では到底変えようのない定数がいくつもありました。変えようのないものを抱えた環境を整えるための膨大な、しかも報われるかもわからない労力をかけるよりも、すでに環境が整った広島を選びました。居住地は、

— Chilan Donguyen —

移住後に迎え入れた保護猫。「猫は見ているだけで癒されますが、甘え上手な上に、利己的でありながらこちらにもメリットを与えるバランスのよさがある。さらに自分の居心地のいい環境を探す天才。その姿勢を見習いたいと思っています」。

自分で選択できる変数だからです。加えて、レストランの人件費と設備投資の配分もその一つ。人を雇わず、自分とソムリエである夫で店をまわす前提で必要な設備を揃えました。具体的には、タスクに優先順位をつけて、その中で自分たちでなくてもいい仕事は機械に任せます。機械は24時間文句を言わずに働いてくれるので、初期投資はかかれど長期的に見ると教育も不要な即戦力。人件費より圧倒的に安くあがります。また個人店が陥りがちな、自分たちの人件費を安く見積もってひたすら時間と手間をかけることの非効率性を忘れないようにしています。たとえば店はキャッシュレス会計のみとし、銀行との往復や、現金を数える時間と手間を削減しています。

スケジュールに緩急をつけることも大切に。人を雇用しないリスクとして、どちらかが倒れると仕事と家庭両方に影響が出て、もう片方の負担が大きくなります。大きな仕事を延々と詰めることはせず、必ず休みを挟む。大概何かしらのミスやトラブルが起きるので、結局休みであってもそれらの対応をすることが多いですが、休みを挟んでいなかったら……と思うと恐怖です。

私たちの仕事は「チラン」の運営だけではありません。2022年に立ち上げた合同会社アリクイという会社で、チランの他、クラフトビールスタンド「チャールズスタップルーム」、ワインバー「レイ」を運営しています。私の具体的な業務で言うとチランのオーナーシェフをやりながら生産者を訪問してインプットをしたり、外部のレシピ開発や食材PRの仕事を受託したり、3店舗のクリエイティブやブランディング業務を、専属デザイナーとコミュニケーションを取りながら統括したり。社名のアリクイにも意味があって。アリクイはアリを食べる生き物で、自分の食べる物が自分の名前になっていますよね。他に名前をつけようがないくらい、それが彼らのアイデンティティーなんです。同じように私たち人間だって、自分たちが食べるもので成り立って

右は2018年、東京・三越前の「ラ・ボンヌ・ターブル」で開催した結婚パーティーの様子。アオザイを人生で初めて着用したのがこの時で、日本に帰化してからよりベトナム人としてのアイデンティティーを大事にするようになったという。現在は2人で店に立つ。

いる。その口に入るものに真面目に取り組む会社でありたいという思いを込めています。

ベトナム人だけど、アイデンティティーは日本人

私の両親はベトナム人ですが、私自身は東京で生まれ育ち、30歳までベトナムに行ったことがありませんでした。そもそも両親が日本に来た経緯は、ベトナム戦争です。父は20代前半に留学生として東京におり、夏休みの一時帰国中に幼馴染の母と結婚したのですが、残りの単位を取りに単身東京に戻ったタイミングでベトナム戦争が激化し、国境断絶。帰国することも、家族を呼び寄せることもできませんでした。父は特別処置として永住権をもらったのですが、母は日本に渡ることができず、結婚しながらも7年間別居状態でした。そして、国交が回復したタイミングで母の難民申請が通ったので日本に呼び寄せ、兄と姉、私が生まれました。

父は東京の大井町で東南アジア食材の輸入販売店「メコンセンター」を経営していました。当時は日本に東南アジア食材を扱う店が少なく、商売はうまくいっていました。母はいつも家でベトナム料理をつくってくれましたね。当時日本のベトナム人コミュニティーは小さくて、ベトナム人用の学校はなかったので、日本の公立の学校に通い、完全に日本の教育で育ちました。両親とは、日本語の中にベトナム語の単語を混ぜるような形でコミュニケーションをとっています。両親は日本語の、私はベトナム語のリスニングが8～9割できるので、両親のベトナム語を咀嚼し日本語で返答して、両親はその日本語を咀嚼してベトナム語で返答します。横で聞いていると別言語で会話が成り立っているので、よく友達が不思議がっていました。22歳で日本に帰化する

2019年よりベトナムに通い始める。生活するように滞在して文化を理解することと、生産者訪問が目的。左写真はフーコック島のコショウ農園にて、2歳の息子と。生産者訪問や国内外の出張には、各地の託児所を利用しながら息子も同行させている。

までは、私は「日本政府が永住権を与えたベトナム人の子ども＝ベトナム人」という存在。ややこしいのですが、戦争でベトナムにある両親の身分証明をすべて消失したおかげで出生時にベトナム領事館に出生届を提出できなかったらしく、ベトナム政府は私の存在が確認できない。つまりパスポートが発行されないグレーゾーンの存在です。帰化したのは、その存在であるがゆえに海外に出るのに必要書類が多くあまりにも面倒だったためです。

高校時代に料理を始め、アメリカ留学を経て、料理人に

高校受験は、わかりやすい人生の成功体験の一つでした。初めて親の意思を振り払い、自分の意志で志望校を決め、合格。加えて高校の環境がその後の人格や価値観を形成するベースになったと思っています。まず、校則がなくて完全に自由。髪を染める、制服を着崩す、サンダルで登校、アルバイト、なんでもアリでした。おもしろいのが、そこまで自由だとみんな一通りやった後落ち着くんですよね。そこで最後に残るのが個性。みんな自分なりの表現の仕方を模索していて、毎日刺激がありました。さらに先生も先輩も後輩も必要以上の線引きがなく、あだ名・呼び捨て・タメ語がデフォルト。とはいえ互いを下に見ているわけではなく、尊敬される行いをすれば自然に敬意を払われる。自由と自己責任が確立された中での人との関わり方を学びました。

料理を始めたのは、そんな高校時代。チョコレートが好きだったので、もとはパティシエ志望で高校卒業後に製菓学校へ行こうと思っていたのですが、両親は大学へ進学させたいと考えていて。「専門学校に行くなら学費は出さない」と言われて大喧嘩になりました。折衷案で、アメリ

高校時代に所属していたダンス部の仲間たち。今でも高校時代の友人は、モチベーションを高めてくれる存在だという。

自分史年表

1988年生まれ　ドグエン・チラン

15歳 高校入学。自分で親の敷いたレールの通りではなく、ハードルの高い志望校を自分で決めて高校受験に挑み、成功体験を掴んだ。

Turning Point

18歳 高校卒業後、アメリカのコミュニティーカレッジに留学して英語を学ぶ。

20歳 東京・西麻布のレストラン「inco」に正社員として入店。ホールスタッフの欠員によりホールにも出るようになり、ワインを勉強する。22歳で東京・新宿のビストロ「カフェ・トロワグロ」に移り厨房スタッフとして働く。

24歳 フランス・アルザスの「オー・トロテュス」で3ヵ月研修したのちに帰国し、「レストラン オギノ」のシャルキュトリー部門へ。

25歳 家禽料理のビストロ「ヴォライエ シバラク」に入店し、2年半ほど働く。

28歳 オーストラリア・ニュージーランドのナチュラルワイン生産者のもとへ研修に行き、栽培から醸造までを経験、現地に10ヵ月ほど滞在。家族経営のワイナリーで、子どもとともに仕事をしている姿に衝撃を受ける。

Turning Point

29歳 飲食業を一度離れ、株式会社ウォンテッドリーで採用事務として働く。

31歳 レストランの独立開業をめざして広島に移住し、物件探しを行う。その後、妊娠中に「チラン」をオープンし、3ヵ月後に出産。出産3ヵ月後にランチタイムメインで営業再開。

Turning Point

35歳 クラフトビール事業「チャールズブリューイング」を立ち上げ、クラフトビールスタンド「チャールズタップルーム」をオープン。数ヵ月後には同じく事業としてワインバー「レイ」もオープン。

カに渡っていた親族の世話になりながら、コミュニティーカレッジに通って英語を勉強することに。両親はその後編入して四年制大学を卒業することを想定していたと思いますが、早くキャリアをスタートさせたかったのもあり、私は2年でアメリカで結果を出して就職しようと考えていました。高校3年生の夏にこの留学を決め、受験戦争から離脱したので、空いた時間で始めたのが白金台「ステラート」のアルバイトです。高校1年生の時から飲食店でアルバイトはしていたものの、年齢からか性別からか、どこへ行ってもホールにまわされる。パティスリーは経験者しか入れずハードルが高いので、厨房スタッフのみ募集しているレストランに絞って選びました。ステラートではデザート場から入れてもらいましたが、厨房で働くうちお菓子ではなく料理に興味を持つように。仕事はとても楽しく、退職時に泣いてしまうほど充実していました。

アメリカの留学先のコミュニティーカレッジでは、英語のクラスが上がると大学の授業も受けられるようになるので、料理やホテルマネジメントの授業も受けました。英語のクラスでトップを取って満足したので、親の意向はさておき自分の予定通り2年で帰国。アメリカ滞在中も、日本人オーナーが経営する居酒屋で調理補助としてアルバイトしていました。帰国後は、ステラートで師事したシェフが開業した西麻布のレストラン「ｉｎｃｏ」で正社員として働くことに。シェフと私が料理をつくり、あとはホールが1人の3人で20席をまわしていました。それが入社半年ほどでホールの人が辞めてしまったので、私がホールに出ることになって、今まで飲んだこともなかったワインを扱うことに。もともとお酒を飲む家系ではなく、それまでビールさえまともに飲んだことがなかったのですが、自分がワインを提案しないといけないという責任感から、営業中も家に帰ってからも、暇さえあればワインの勉強をしていました。正直味の違いもわからない状態からのスタートでしたが、試飲を繰り返して半年くらいしたある時「あれ？　これおいしい。他のワインと全然違う」というものと出合い、それがナチュラルワインでした。自分の好みがわかるだけの基準となるインプットを蓄積できた瞬間で、そこから一層ワインが楽しくなりました。2年ほど経ってシェフの体調不良でお店が閉店してしまったので、新宿の「カフェ・トロワグロ」に移り、２０１２年にはフランス・アルザスの「オー・トロテュス」へ3ヵ月ほど研修に。このフランス滞在をきっかけにシャルキュトリー文化に興味を持つようになり、帰国後は「レストラン オギノ」のシャルキュトリー部門に入りました。半年ほど学ばせてもらったのち、祐天寺のカウンタースタイルの家禽料理専門のビストロへ。ワインを提案しながら料理をつくるスタイルで、お客さんとの距離が近くコミュニケーションを取れるのが楽しかったです。2年半働く中で、つくり手の個性が反映されるナチュラルワインにより惹かれていきました。

ワイナリー研修を経て、一時は「先の見えなさ」から飲食業界を離れる

あまり効率的なことではないのですが、私は何事も自分の目で見ないと納得できないタイプ。ワインに惹かれるうちに、ワインのつくり方を見たこともないのに、知っているかのようにテイスティングコメントを述べて人にすすめることに違和感を感じるようになりました。ワインを学びにまたフランスに行きたかったのですがビザの関係で断念。アルザスワインが好きなので、隣のドイツに行くことも考えたものの、ドイツ語がわからない。ワーキングホリデーに行って、言葉がわからず挫折する例を知っていましたから、それなら英語の通じるオーストラリアやニュー

2016年～2017年、南オーストラリア・バロッサにある「スモールフライ」をはじめ、オーストラリア3ヵ所、ニュージーランド1ヵ所のワイナリーを巡った。

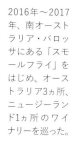

ジーランドにしようと思いました。そこで、好きなワイン生産者に会える試飲会に片っ端から顔を出し、時には東京から名古屋まで行き、研修させてもらえるよう直談判。もちろん、その場では社交辞令もあるので「いいよ」と言ってくれるのですが、どこまで本気かわからない。ですから、月1回くらいのペースで、返信があろうがなかろうがメールを送り続けました。

そして2016年、オーストラリア3ヵ所、ニュージーランド1ヵ所のワイナリー巡りの旅へ。醸造だけでなくブドウ栽培から始まる全体の流れが見たくて、どこも自社栽培のブドウを使うワイナリーばかりです。そこでつないでくれたのが、ソムリエで、オーストラリアワイン大使をしていた現在の夫。同じくソムリエである共通の友人を通じて知り合い、ワインの好みも似ていて、お付き合いすることになりました。ただ、ワイナリー研修にはどうしても行きたかったので、交際前に「しばらくオーストラリアに行くけどそれでもいい？」と確認。夫の返事は「もちろん。だって『行かないで』と言って止めたら一生文句言われるでしょう」と。私という人間をよくわかってくれているなと感じ（笑）、交際をスタートしました。10ヵ月ほど産地をまわり、一部は彼も休みをとって一緒に巡って、2017年に帰国して結婚しました。

もともと私は料理人として独立開業したくない派。雇われている方が、給料が保証されて安定しているし、誰かがお金を出してくれる中で料理ができて、ワインの試飲もできるからです。そんな私でも独立してこんな生き方もいいなと感じたのが、研修先のワイナリーで家族が支え合う姿です。訪れたワイナリーは家族経営で、35歳前後の若いつくり手が多かったのですが、子どもがブドウを摘んだり踏んだりしてワインづくりに参加していました。他にも、赤ちゃんや幼い子どもをブドウ畑で遊ばせながらブドウの世話をしたり、子どもを試飲会の会場に連れて行ったり

一日のスケジュール

7:30
営業日も休日も、起床は7時半。準備をして、営業日は9時に子どもを保育園へ送迎する。

9:30
仕込みを開始し、11時頃にブランチをとる。営業日はオープン準備を開始し、11時頃にブランチをとる。他の平日は主に生産者訪問の時間に充て、日曜日は息子との時間にしている。

12:00
昼営業。12時からの一斉スタートで、7品のおまかせコース2万2000円のみ（税・サ・ワインペアリング込み）の提供。保育園の時間に準じて昼営業がメインだが、貸し切りの場合に限りディナーも営業している。

する姿は衝撃でした。仕事は生活の一部なんだ、私もこんな生き方がしたいと感じました。

そう思って日本に帰国したものの、それができる職場を当時の自分は見つけることができませんでした。長時間労働やそれに見合うとは思えない賃金、福利厚生の不足といった飲食業界の問題点に加え、保育園の待機児童問題など、東京で料理人として働きながらいずれは子どもを育てることの大変さが目につき、悩みました。実際に妊娠・出産で料理界を離脱する人が多く、まわりにロールモデルもいなければケーススタディもない。人に相談もできず、「この業界で料理人として長く働けるのか」という疑問に対する答えがどうしても見出せなかったので、いっそのこと飲食業界を離れるという苦渋の決断をしました。20代後半で料理人を辞め、人材系のＩＴ企業で働き出したのです。そこでは、人事部長の采配でみんなのまかないをつくりながら、デザイナー採用業務の事務やイベントの運営をしていました。子育てが落ち着いた40代にまた飲食に戻ればいいと自分に言い聞かせていました。料理人としてのキャリアを考えると挫折ではありますが、別業界のビジネスモデルや原価・人件費の考え方、デザインやブランディングの重要性などを学べて、飲食業界にいただけでは見えなかった世界が見えるようになりました。最終的に独立開業してからも、ここで身につけたビジネスに関する知見や培ったコネクションは今のビジネスに生きているので、当時は体調を崩すほど悩みましたが、転職してよかったと思います。

広島へ移住し、考えていなかった独立開業の道へ

想像以上に居心地がよかったＩＴ企業を離れるきっかけは、２０２０年に予定されていた東京

時刻	
15:00	ランチクローズ。翌日用の仕込みとデスクワークを進める。食材が不足していれば産直売場まで買い出しに行く。
17:00	夕食を準備しておく。
17:30	保育園へ子どもを迎えに行く。
18:00	夕食。これ以降の流れは、営業日も休日も同様。
19:00	子どもをお風呂に入れる。
20:00	子どもの相手をしつつ、デスクワーク。
22:00	子どもを寝かしつけたら、残った仕事を片付ける。
23:30	就寝。

オリンピック。私は人混みや満員電車が息が詰まるようで好きではなく、東京に人が押し寄せる前に東京を出ようと決めたのです。どこに行こうと思った時、夫の実家、広島が候補に。東京では独立開業は考えていなかったけれど、夫の親族がいて頼れる、保育園待機児童がいない、土地代やテナント家賃などの固定費が減らせるといった「広島で独立開業」のメリットが次々に浮かんできました。また、ワインの営業職をしていた夫の勤め先に話したところ快く応援してくれ、「遠隔でできる仕事をやればいいのでは」と提案された。ですから、夫が引き続き会社員として働き、私はリモートの業務委託契約に切り替えて働き続けることで、ある程度安定した収入も確保しながら移住と開業準備に取りかかれることになりました。「独立派」でなかったわりに、開業を決めてからオープンまではただただ楽しかったです。２０１９年末に広島に引っ越して、物件を見てまわってこの一軒家が見つかり、２０２０年4月に購入。もとは賃貸で探していましたが、夫の親族が住むこのエリアに賃貸物件は少なく、結果数千万円を借り入れて購入しました。

　その後、２０２０年9月に開業。最初は自分の経験そのままにフレンチのビストロをやろうと思っていたのですが、夫に「ベトナムという自分の独自性を出したほうがよい」と言われたこともあり、モダンベトナム料理を選択しました。とはいえ私は生まれも育ちも東京で、実際にベトナムを初めて訪れたのは30歳の時です。訪れた目的は、ベトナムで暮らす感覚ですごして現地の食文化を体験するためでした。たとえば、日本ではフォーは昼も夜も店のメニューに並びますが、現地ではもともと朝食として食べるもの。そんな食文化的なものを身体に染み込ませたいと思ったのです。現地の人の働き方もおもしろかったですね。ベトナムの人は朝早くから夜遅くまで、それこそ日本よりも長時間出勤していたりするのですが、お客さんがいない時間は座って新聞を

食に関わる仲間と。左は店で提供するペアリング用のシードルを委託醸造している長野県のツイヂラボ、右は「もっとも尊敬する飲食店」という東京・水天宮前の「ラピヨッシュ」にて。

読んだり携帯を触ったり自由にすごしている。ベトナム人なのにベトナムで暮らしたことのない私にとっては、そういったすべてが新鮮でした。それ以来毎年2〜3週間をベトナムですごしています。私は天才的なアイデアをひらめくタイプの人間ではないので、レストランや外部の仕事でアウトプットをするには、相当量のインプットが必要。世の中知らないことだらけでインプットに終わりはないですが、やはり自分の目で見ることを大切にしています。最近はベトナムの生産者も積極的に訪問。時間もお金もかかりますが、必要な投資として考えています。

料理づくりでは、「ヒトが見える料理」であることも大切にしています。ナチュラルワインの生産者巡りをして気づいた考え方なのですが、彼らは思想が見えるワインをつくっている。それと同じように、私も思想が見える料理をつくりたい。自分や生産者、陶芸家など関わる人たちの思想です。私はあくまで生産者の声と食材の価値を代弁する立場だと思っているので、それを前提に料理を考えています。自分の評価で生産者の評価、ひいては一次産業の印象を上げられる可能性を持っていることを意識すれば、手を抜いた仕事はできないですね。

私は、夢を声に出して語るようにしています。そうすると情報が集まったり、協力者や賛同者が現れたりと夢に近づけるからです。言うのはタダなのでここでも言わせてもらうと、今やりたいのは保育園や小学校の給食事業の長期的なディレクション、ベトナム現地での仕事、機内食監修、コンビニエンスストアとコラボレーションした商品開発、フランスのワイナリーとのコラボ、キッチンツールのデザイン、アートとのコラボ、他にもたくさんあります。たとえ今できなくても、いつかできる時のために希望を発信し続けて、種をまいておきたいと思います。

人生における *My Rule*

1. 子どもを産むことを選んだのは自分なので、子どもを言い訳にしない

2. 定数ではなく、変数を動かすことに努力を割く

3. 夢を声に出して語ることで、運を引き寄せる

自分の Spécialité《スペシャリテ》 について

「スペシャリテとは本来はお客さまに選んでもらうものだと思いますが、あえて自分で選ぶとしたら迷わずこの品を選びます」とチランさん。年間を通してコースの内容は常にマイナーチェンジさせているが、この生春巻だけは唯一変わらずに定番としてコースに組み込んでいる。提供する料理はこれまで学んできたフランス料理の技術で仕立てることが多い中、フランス料理の要素を加えず、母親の味をなるべく忠実に再現した自身のルーツそのものであるからだ。父親がベトナム食材の輸入業をしていたこともあり、母親がつくるベトナム料理は家の中のベトナム文化を象徴する最たるもので、生春巻はいつから食べ始めたか覚えていないほど、自らの味覚を構成してきたものの一つだという。味も見た目も素朴なベトナムの代表料理だが、構成する具材一つ一つに役割があり、非常にバランスのとれた料理。とはいえ厳密なレシピや具材が決まっているわけではなく、おにぎりや味噌汁のように家庭や店によって変わる。「現地含め、どこで食べても、忖度なしに母のレシピが一番おいしい。昼時に4〜5本、満腹になるまで頬ばる時間が幸せでした。それを引き継いだことを誇りに思っています」。生春巻に添えたのはタマリンド風味のピーナッツ味噌ソース。これも母親から受け継いだ味だ。通常、ソースは冷やして食べるが、つくりたての温かいものを食べてもよい。

つくり方（概略）

1 ソースをつくる。薄切りにしたタマネギを鍋に入れてしんなりするまで米油で炒め、味噌、塩、てんさい糖、タマリンドを入れて、なじませたら水を入れて炊く。

2 **1**をブレンダーでなめらかにし、水に溶いたタピオカ粉で濃度を調整する。小器に入れて、提供時に砕いたピーナッツを散らす。

3 生春巻をつくる。魚醤を少量たらした湯でエビ、豚肉のバラ肉をゆでる。米麺のブンをゆでる。

4 冷水に短時間くぐらせたライスペーパーに、半割にした**3**のエビ、大葉、モヤシ、**3**のブン、ミント、**3**の豚肉を順に重ねてきつめに巻く。

5 **4**をカットして皿に盛り、ハーブや穂ジソをのせる。皿に**2**のソースを置き、手前にチリソースを添える。

生春巻

Column
03

「料理研究家という仕事」

直接お客に料理をつくって提供するのではなく、料理教室や各種のメディアを通してレシピを伝え、家庭の料理のつくり手にさまざまなアイデアを提供するのが料理研究家の仕事だ。

２０１２年に創設され、現在８６０人の料理研究家やフードコーディネーターが登録するレシピサイト「Nadia《ナディア》」の編集長・**黒澤佳さん**によれば、料理研究家の活躍の場は従来出版物やテレビなどのメディアや広告に限られ、アシスタントから独立する形や子による世襲なども多かったという。その後、ブログなど個人が自由に発信できるツールが誕生し、現在はＳＮＳを通じてレシピや料理動画の拡散も手軽にできるようになった。「弊社でも、ＳＮＳ発の人気料理家の方やインフルエンサーの方が多数登録されています。ただ、誰でも自ら名乗れば料理研究家となれる今は、可能性が広がる一方で、料理研究家の母数自体はかなり増えている状態とも言えます」。ＳＮＳで数十万単位のフォロワー数に達すれば、企業からのＰＲ案件やアフィリエイトなどで直接収入を得られるようになるため、メディアから支払われる印税や取材費とは別の収入源を持つことができる。ただし、料理研究家が数多く存在する中で成功するためには、テキスト、画像、動画など刻々と変化するプラットフォームに素早く対応して発信する力と、自分の強みを知った上でのセルフブランディングも重要だ。

黒澤さんによれば、Nadiaの登録者には、もともと飲食店で働いていた料理人で、出産などライフイベントを機に料理家に転身を志す例も多いそうだ。とはいえ「飲食店の現場で身につけたプロの料理と、家庭生活で求められるレシピはやはり違う」とのこと。料理研究家には、使う素材や調理器具を身近なものに変換できるかなど、家庭で料理をつくる人の目線と「伝える力」が求められる点は、時代やメディアが変わっても不変と言えるだろう。

飲食業界から料理研究家に転身し、活躍する料理研究家としては、これまでに30冊以上の著書を上梓し、テレビ番組への出演も数多い**上田淳子さん**（現在60歳）がいる。上田さんは調理師専門学校で西洋料理の基礎を身につけて同校の教員を3年務めたのち、スイスで1年、フランスで3年、ホテルやパン店、レストランで修業。帰国後にシェフパティシエを経て独立した。「私が調理師学校を卒業したのは約40年前。料理の技術があっても、レストランには女性の働き口がなかった時代でした」と上田さんは当時を振り返る。独立開業を考えた時期もあったが、上田さんの経歴を知った周囲からの要望に応えて料理教室を開き、本を出版し……と一つひとつ階段を上るうちに、料理研究家への道が開けたという。プライベートでは、31歳で結婚、33歳で出産。双子の男子を育ててきた働く母である上田さんのレシピは

「100%自分の実体験に根づいている」という。忙しい毎日に寄り添うレシピとポイントをわかりやすく伝える力が幅広い支持につながっている。

また、料理研究家としての活動の場は、レシピの提案だけではない。〝旅する料理家〟としてモロッコやリトアニア、トルコなど、世界各国の料理レシピを中心に19冊の著書を持つ**口尾麻美さん**は、「お料理、インテリアや雑貨、ライフスタイル。その3本柱があって私の料理だと思っています」と話す。口尾さんは撮影やスタイリングも自ら手がけ、著書では現地の風景や料理の様子も掲載。料理教室での要望を受け、ツアーの企画・案内なども行う。口尾さんは、アパレル業界に5年勤めたのち、「憧れの料理研究家になれたら」との思いから、飲食店に勤務して料理の技術を身につけた。当時から各国料理をテーマとしており、勤務のかたわらワンオペで弁当のケータリングも手がけ、食べ手の好反応を直接目にしたことが自信につながっていった。そんな折、自宅での取材を受けた時に棚に並べていたタジンが出版関係者の目を惹き、2009年に初の著書『ハッピータジンライフ！雑貨と旅と毎日のレシピ』の出版が実現した。また、2023年には、東京・学芸大学に夫と2人で各国料理とナチュラルワインの店「HÅN《ハン》」をオープン。店・教室・メディア対応と多忙な日々だが、どの活動も「旅」をテーマにしている点は共通しており、教室の生徒が店へ、店のゲストが教室へ……といった相乗効果も生まれているそうだ。

東京・小金井を拠点に瓶詰め食品の通販を展開する**「あたらしい日常料理ふじわら」**の**藤原奈緒さん**（現在44歳）も、料理家としての発信の可能性を探ってきた一人だ。大学在学中からさまざまな飲食店でアルバイトをした藤原さんは、料理の仕事を志し、2004年から8年間都内の地場野菜をテーマとしたカフェに勤務。自分の仕事を楽にするために仕込んでいた自家製調味料から着想を得て、独立後の2013年に「おいしい唐辛子」や「パクチーレモンオイル」などの瓶詰め販売をスタートさせた。「私の思うおいしい家庭料理を、文字（や画像）のレシピではなく、ものを通して提案してみたいと考えた」と藤原さん。瓶詰めは保存期間が長く、常温保存できるのも利点。コロナ禍にインスタグラムに瓶詰めを用いたレシピを掲載したところ、従前の10倍ほどの売上げに達した時期もあるという。「自分で料理をつくることは、自分をケアすることにもつながります。家庭料理の楽しみを、瓶詰めを通して伝えられたら」と藤原さんは話す。

「お店で自分の料理を食べてもらうのもすばらしい仕事ですが、料理を教えるのも本当に楽しく、やりがいのある仕事です。教えた料理を食べてもらい、その人が誰かに料理をつくって喜んでもらい、その誰かがまた……と、永遠にその料理は動き続けていくのですから」と上田さん。料理を食べる喜びだけではなく、料理する楽しみを伝える料理研究家は、その表現を通して人々の生活をより豊かに耕すことができる。

（取材・文／坂根涼子）

空花 店主

脇元 かな子

1975年宮崎生まれ ● 現・東京

空花　東京都港区虎ノ門5-3-3 神谷プレイス1階

厳しい日本料理の世界で修業を重ねてきたにもかかわらず、脇元かな子さんのまわりには春風のような優しい空気が流れている。もともとは栄養学を学んだ後に、日本料理の道へ。「大きな目標があったわけではなく、ご縁を大切に、流されるままにやってきただけ」と微笑む脇元さんは、ミシュラン三つ星を17年間保ち続ける日本料理「かんだ」に7年弱勤め、煮方という重要な立場を任されてきた実力の持ち主だ。一時は9時−5時のオフィス仕事に憧れ、企業の中でレシピ開発の仕事をするものの、結局自分で料理をつくりたくなって現場に舞い戻る。初めての独立開業は、お気に入りの街である鎌倉で。オーナーシェフとして日本料理店「空花」を開業し、2年後にはカフェ「茶房 空花」も開店。日本料理店の空花は2020年に東京に移転したが、今も自然豊かな鎌倉に家を持ち、ワークライフバランスの取れた暮らしを実現している。「真面目に、コツコツと」をモットーに、地道な努力を積み重ねてもうすぐ30年。「ここでの食事がひとときの癒しの時間になれば」という言葉には、食べる側への温かな思いが垣間見える。心身ともに人を元気にする食の力を信じ、積み重ねてきた「今」が美しい花を咲かせている。

わきもとかなこ

1975年、宮崎県生まれ。東京の栄養士学校を卒業後、和食に興味を持ち、料理人に。小山裕久氏による日本料理店、東京・赤坂「basara」などを経て、その料理長だった神田裕行氏が開業した「かんだ」で働く。約7年弱の修業の後「アコメヤ厨房」でメニュー開発を行い、料理長も担う。2016年、鎌倉・長谷で、築90年の古民家を改装した日本料理店「空花」をオープンする。2020年10月に東京・神谷町へ移転リニューアル。鎌倉で姉妹店「茶房 空花」も営む。

もともとは考えていなかった料理人への道

私は宮崎県の中でも、豊かな自然の残る地域の出身で、兼業農家とはいかないまでも、自分の家で食べる野菜やお米は家で育てていました。当時の田舎の一般的な家庭で、家の手伝いをするのが当たり前でしたし、特に料理が好きだからということではなく、女の子だからと自然に料理を手伝っていました。今のように、便利な出来合いのものがたくさん売っている時代ではありませんでしたしね。祖母が血液の病気で入退院を繰り返していて、本人が食に気を使っていたことから、おのずと健康的な食生活になっていました。

大学受験で希望の大学に行くことができず、どうしようかと思った時に、母から「料理が上手だから栄養士になれば」とすすめられたのです。当時、特に田舎では「女は結婚して家庭に入るもの」という意識が根強く、母としては、料理や栄養についての知識を身につけておけば結婚しても役に立つのでは、と考えたのでしょう。他にやりたいこともないから、栄養士の勉強でもしてみようかな、という軽い思いで東京の栄養士専門学校に進学しました。料理人になろうとはまったく考えていませんでしたし、そもそも栄養士としても、具体的な就職先などは考えておらず、将来を見据えていたわけではありませんでした。

学校ではフレンチ、イタリアン、日本料理、中華と幅広いジャンルの調理実習がありました。その中でも、日本料理では「塩分を控えるために柑橘を搾って酸味をつける」など、栄養学という側面からもよさそうな手法があって、興味を持ちました。もっと日本料理を勉強すれば、体にいい料理をつくれるようになるのかなと漠然と思うようになったのです。

働きたい店に入ったものの、生活が成り立たず転職

そんな流れから、卒業の時の就職活動では日本料理店を志望。とはいえ、当時の日本料理の世界では、女性だからという理由で就職できない店も多くありました。求人情報誌などを見て電話すると「うちは女性はとっていない」と言われたり。結局、とある和食店に就職できたのですが、そんな時に「日本料理　青柳」の小山裕久さんが書いた『味の風』という本に出合って、衝撃を受けたのです。料理の考え方、特に食材に対する視点に感銘を受けて、何度も読み返しました。この方のお店で勉強したいと思って、青柳に「働かせてください」と手紙を出し、当時東京・赤坂にあった系列店「basara」に入店しました。その時の料理長が、のちにお世話になる「かんだ」の神田裕行さんです。

basaraに入ったのは23歳、料理修業の厳しさも何も知りませんでしたが、若くて体力もあったので「なんとかなるだろう」という気持ちでした。しかし、働く前に条件面などをしっかり聞いておかなかったので、何よりも大変だったのは生活面でした。というのも、そこは、男性寮はあったけれども女性寮がなく、お給料だけだと生活が成り立たなかったのです。働いている間にも、貯金が底をついてしまいました。親に「援助して」とも言えず、1年弱で、ちゃんと自分の力で生活できるところで仕事しようと転職しました。

次に働いたのが、当時広尾にあったダイニングバーです。実際に事前に食べに行って、条件などもも含めてちゃんとお話を聞きました。そこは女性も厨房で働いていたこと、比較的まとまったお給料がもらえること、「スタッフみんなで釣りに行って獲った魚を使っている」というのを聞

いて楽しそうだと思ったことなどから、ここだったらやれると思って入店。3年くらい料理人として働きました。その後、その時の同僚が「お店を任されることになったから、一緒にやらない？」と声をかけてくれて、その店でメニュー開発を担当しました。また、その後はデザートを勉強したいと感じて、フレンチやイタリアンでアルバイトをさせてもらいました。

「かんだ」で、日本料理を一から学び直す結果に

そうしているうちに、basaraでのご縁から、29歳で「元麻布　かんだ（現・日本料理　かんだ）」に入りました。今思うと、かんだに入るまでは、結局、料理がよくわかっていなかったと思います。食材自体に向き合うという神田さんの姿勢を始め、厳しいことをおっしゃってくださるお客さまの言葉などから、あらためて料理を勉強し直しました。味覚の訓練、だしのとり方、炭の扱い方と焼き方。基本的なことをすべて一からやりました。今振り返ると、いい料理をつくるには、味覚の訓練は必須だと思います。もし、勤め先のお店が許すなら、たとえば毎日必ず昆布だしの味見をして、「今日の昆布は○○だから○○のような味になる」と理解できるようになるといいですね。いい食材に触れて、ものの違いを知るのも大切なこと。お店で学ぶのが厳しければ、たとえば奮発して高いイチゴを自分で買ってみるなど、とにかく経験値が必要だと思います。

当時の厨房は、神田さんと若い男性スタッフ、私という3人だけだったので、私自身は最初から何でもやらせてもらえたのがよかったです。特に煮方を長く担当したので、だし素材の部位や温度による変化に合わせて毎日だしのとり方を変えるなど、漫然と毎日同じことをするのではな

鎌倉にある「茶房 空花」の外観と内観。大きな窓から見える自然豊かな風景がいちばんの特徴で、脇元さん自身もここで季節を感じることが多いという。

く、「狙うポイントを探って料理する」ことができるようになりました。

学生の時に就職先が限られていたのと、最初のお店に女性寮がなく金銭面で立ち行かなくなったことは大変でしたが、いざ料理修業をする上では、女性ならではの大変さはそれほど感じませんでした。特に日本料理店で、小規模なお店であれば、そこまでの筋力を使う仕事はありません。中華のように鍋を振ったり、フレンチやイタリアンのように重い寸胴鍋で大量にストックつくったり……という重労働はないからです。もちろん、最初の頃は、長時間の立ち仕事は体力的にきつかったですが、それは性別関係ないことです。

「OLのような生活」に憧れて、メニュー開発職へ

私生活では、徐々に女友達と会えることが少なくなっていったと感じます。若い頃は仕事が終わってから一緒に夜中にご飯を食べに行ったりしていましたけれど、まわりが結婚して子どもができると、そんなこともできなくなりますしね。そんな中、自分の時間が持てる生活を一度経験してみたいと感じ、企業が運営する和食店のメニュー開発職に転職しました。関わったのは、米を主役にしたライフスタイルショップ「アコメヤ」と和食店「アコメヤ厨房」です。ブランドの立ち上げから携わり、メニュー開発がメインの仕事で、アコメヤ厨房の料理長もやっていました。仕事が終わってから同じ会社の人とご飯を食べたりなんかして、憧れの生活を手に入れたはずだったのですが、誤算だったのは、パソコンの前に座っている仕事が自分には向いていなかったことです。

2020年に移転リニューアルした、東京・神谷町の「空花」。駅からすぐの複合ビルの1階にあるものの「実は、鎌倉時代よりも家賃が安い」そう。

基本的には、デスクに座ってレストランのメニューを考案してレシピをつくるのが仕事だったはずなのに、どうしても現場が気になってしまってそのうち結局自分で店に立つようになりました。現場に立って料理をつくるようになると、やはり自分の料理に合わせて使いたい食器や食材が出てくるので、自由に妥協なく使えるようになりたいと感じるように。また、現場でスタッフがつくってくれる料理と、自分の中で考えていた料理の乖離が気になってしまうこともありました。もちろん、私のメニュー開発者としての経験が十分でなく、ちゃんと伝えられていなかったことが大きいと思いますが。

そんな思いを抱える中、神奈川・鎌倉の長谷で、いい物件に出合ったんです。もともと鎌倉の街が好きで、休みの日によく遊びに行き、お寺や骨董屋さんを巡っていました。「いつか住んでみたいな」と、なんとなく家賃の相場を見たりもしていたのですが、たまたま「5年更新でレストランを貸します」という物件を見つけたのです。築90年の素敵な古民家で、テーブルといった家具や、ワインセラーなどの設備も全部借りられる。古民家というシチュエーションもよく、この物件に出合って独立開業することを決めました。

自分の好きな街・鎌倉で、2店舗をオープン

そうして2016年に、今の店の前身である日本料理店「長谷　空花」をオープン。実は独立にはもう一つ、個人的な理由もあって。もともと器が大好きで、九州出身なので10代の頃から有田の陶器市に行ったり、店で働き出してからは骨董屋を巡ったりして、器を集めていたのです。

自分史年表

1975年生まれ　**脇元かな子**

18歳　宮崎から上京し、栄養士専門学校へ。途中で日本料理を志すようになり、卒業後は日本料理店に勤める。

23歳　東京・赤坂の「basara」に入店。1年弱務めたのちにダイニングバーへ転職し、3年ほど働く。その時の同僚が任されていた店に移り、その後にフランス料理店やイタリア料理店でアルバイトしてデザートを学ぶ。

29歳　「元麻布（日本料理）かんだ」に勤め、7年弱働く。それまで料理の仕事をしてはいたが、ここでの修業が料理人としての原点となった。

Turning Point

36歳　「アコメヤ厨房」のメニュー開発業務を行い、料理長も務める。

41歳　神奈川・鎌倉に移住し、長谷に日本料理店「空花」をオープンする。

Turning Point

43歳　鎌倉の和田塚に「茶房 空花」をオープン。

45歳　「空花」を東京・神谷町へ移転させ、リニューアル。今でも住居は鎌倉にある。

Turning Point

特にお店をやるためという目的はなく、好きだからという理由だったのですが、気づいたら寝る場所も器に占領されてしまうくらいになってきた。この器を活かせる場所をつくりたいと思ったのも、独立開業の理由です。

さて、鎌倉に移住し、店をつくると決めたものの、食材の仕入れのルートを持っていたわけではありません。業者さんを探したり紹介してもらったりして鎌倉の地物を勉強しながら、「鎌倉という土地で自然や四季を感じられる料理」というコンセプトをベースに料理づくりをしました。一方で、料理を始めた最初の思いでもある、季節を感じられて体に優しい健康的な食、という点も意識しましたね。

鎌倉は観光地で、店も長谷寺のそばだったので、繁忙期にはお客さまのうち観光客が7割。それでも地元の方々ともいいご縁ができて、お寺や茶室、結婚式用のケータリングの話をもらうようになったんです。当時借りていた物件は狭く、ケータリングをやるにしても冷蔵庫もないし、食器を置く場所もない。そこで物件を探していたら、鎌倉駅から徒歩圏内にある広い一軒家をお借りできることになりました。素敵な家だったので、倉庫やケータリングの調理の場所として使うだけでなく、カフェにして簡単な食事とお菓子、お茶を出したいと感じ、2018年に「茶房空花」をオープンしました。少し奥まった場所にあるので、最初はお客さまがいらっしゃらず赤字だったこともありますが、四季折々の草木が楽しめる風情あふれるロケーションだったこともあり、徐々にお客さまが増えてきました。

一方、日本料理店をやる中では、もっといろいろな食材を勉強したいと思うように。そこで、地産食材には茶房の方で向き合うこととし、日本料理店の方の空花を、東京に移転させることに

一日のスケジュール

8:30	鎌倉の家を出て、移動時間にメールチェック。築地に仕入れに行くか、鎌倉の「茶房空花」に立ち寄って、発注や打ち合わせなどを行う。
9:30	週に3～4回は築地へ買い出しに行く。なじみの店にあらかじめ電話して何を買うかを伝えておき、9時半～10時頃に到着。季節の違いによる食材の違いがわかるので、料理づくりという意味でも大切な時間。
12:30	神谷町の「空花」に到着。スタッフはすでに仕込みを始めているので、一緒に作業に加わる。
15:00	みんなでまかないをとり、お客の予約時間の1～1時間半前まで休憩する。この時間に返しきれていないメールへの返信などを行う。

しました。東京には全国から食材が入ってくるので、一番いい食材を安定して使えるからです。また、移転を決めた2019年、鎌倉が何度も大きな台風に見舞われたことも移転の理由の一つです。店は両方とも古民家だったので、浸水や停電してしまい、かつ食材が届かなかったりと、大きな影響がありました。こんな台風が毎年来て、2店とも対応に追われるとしたら……と考えてしまい、一店舗を東京に移すことにしたのです。

東京・神谷町での新たな挑戦

自分が修業した場所が東京だったので東京に友達が多かったことと、以前から鎌倉の店舗にいらしてくださっていた東京在住のお客さまがいたこともあり、集客についてはそこまで心配していなかったのですが、移転がちょうどコロナ禍のタイミングになってしまって。2020年にオープンしたはいいものの、お客さまがいらっしゃらなくて週に2回しか営業しない日もありました。補償金を申請し、銀行からの融資を受けて、なんとか乗り切ることができました。

お店のコンセプトは「食材に敬意を払い、四季を慈しみ身体を慈しむ」。今は私を入れて合計4人で店をまわしています。日本料理はストイックな世界で、独立までに昔は時間がかかったように思います。また、個人差もありますが、私は時間をかけないとわからなかったこともあります。そのため、うちではなるべく若いスタッフにも率先して仕事を任せていますね。神田さんが私を一から育ててくださった時と同じように、たくさん食材に触れる機会があった方が、早く料理が上手になると感じています。鎌倉の茶房の方は、たまに立ち寄りはしますが、基本的に営業

17:30

予約時間により異なるが、ディナー営業を開始。

22:00

営業終了次第、みんなで片付けと掃除を行い、退勤。鎌倉までの終電の関係で、遅くとも23時15分までには店を出る。

0:30

帰宅。家では仕事をしないようにしている。昔はワインをよく飲んでいたが、最近は体調管理のため、お酒は休みの前日と休みの日のみ。1時頃までには就寝する。

はスタッフに一任。パートを含めて10人のスタッフは、ほぼ女性です。中にはストイックに料理に向き合いたい人もいますし、週に一度だけのパートタイムのスタッフもいる。人それぞれのライフスタイルがあるので、その中で協力してもらえる部分を協力してもらっている感じです。

職種を変えても、料理をやめないことが大切

料理の世界で身を立てるコツは、料理の仕事から遠く離れないことだと思います。女性は結婚や出産でキャリアを変えざるを得ないこともありますし、自分に合わない職場で無理に続けることはないと思うのですが、職場や職種を変えても、料理をすることをやめないことが大切。また、ライフステージやその時の巡り合わせで「頑張らなくてはいけないタイミング」がきた時は、意を決して頑張ることですね。

私自身の強みは、真面目なことでしょうか。レストランの仕事は何事も経験なので、真面目にコツコツ積み重ねると、これまでなんとなくしかわからなかったことが、ある時にパッとわかるようになることもあります。また、独立するには多くの場合、融資を受ける必要が出てくると思いますが、お金を借りるにはキャリアの中でコツコツ信用を積み重ねていくことが重要です。信用というのは、たとえば前職の給料なども評価の対象になりますし、どこで、どのくらい、どんなふうに働いてきたかは融資の際に必ず聞かれます。

あとは、ご縁を大切にして、基本的にお声がけいただいたことにはできる限りチャレンジしてきました。それがチャンスかどうかは後からしかわからないけれど、やりたいと思ったらその直

大好きな鎌倉の海の風景。東京での仕事を終えて、鎌倉の自然を感じることがリラックス方法の一つだ。

感を信じて動くことも大切だと思います。若い人には、「少しでもやれると思ったらやってみて」と伝えたい。私が鎌倉に最初の店をオープンした時も、「大変だけど、これくらいの金額なら返せるかな」という思いでスタートしました。

いろいろ厳しい場面に直面したこともありましたが、乗り切れたのは、やはり根本的に楽観主義だからですね。オーナーシェフなので自分の人生をデザインしやすく自由度が高いこともありますが、怖いもの知らずというか、どこかで「なんとかなる」と思っているんです。あと、いろいろな人に相談すること。自分は結構優柔不断なので、友達や店の二番手のスタッフに相談することが多いですし、店で出す料理についても、迷うことがあったらスタッフのみんなに食べてもらって意見を聞いています。

今も鎌倉に住んでいて東京と行き来しているので、仕事が終わって鎌倉に帰ってきて、そこにある自然をぼーっと見ていると、海や山には人を癒す力があると強く感じます。鎌倉は時間の流れがゆっくりしていますし、海風が吹いていて空気も違う。朝一番に誰もいない茶房に着いて、蜘蛛の巣に露がついていたり、リスが遊んでいたりするのを見るのも好きなんです。店にはたくさんの庭木があるので、そこから感じる季節を料理づくりにつなげることもありますね。自然からの恵みに感謝して、これからも料理をしていきたいです。

人生における *My Rule*

1. 縁と直感を大切にして、少しでも「やれる」と思ったらチャレンジする

2. 迷ったら、まわりの人に相談する

3. 相手に怒りそうになった時は、「お互いさま」と考え直して気を落ち着ける

自分の *Spécialité*《スペシャリテ》 について

めざすのは、食材をそのまま食べるよりも、よりその食材らしさが感じられる料理。中でも日本料理の花形であり、脇元さんが「日本料理 かんだ」で煮方を長く務めていたことから「お客さまが一番楽しみにしてくださっている」と話すのがお椀だ。師である神田裕行さんがいつか教えてくれた「日本料理は水の料理である」という言葉を一番表現している料理でもある。コースで提供するお椀は季節によって変わるが、今回は4月初旬の春先を表現するハマグリの椀をつくった。ハマグリは国産で、あえて産地を限定せずにその時々でふっくらとして状態のいいものを選択。流通の関係で使える食材に制限があった鎌倉にいた時代よりも、東京では食材の選択肢が増え、料理の幅も広がったという。ハマグリは真薯に仕立てて、ハマグリのだしと一番だしを合わせた吸い地を張った。「神田さんは味覚の鍛錬をする重要性を教えてくださった方」と脇元さん。その教えに倣い、一番だしをとる時は秒単位での味見をしてその日の昆布やカツオの状態でだしのとり方を変える。「よく『女性は味がブレる』という言葉を耳にすることがありますが、そんなことはありません。大切なのはあくまで経験と鍛錬で、経験値を重ねて味を知れば、適切な塩分、旨みの濃度にととのえることができます」

つくり方（概略）

1 ハマグリにさっと火を通し、殻からはずして、硬い部分とやわらかい部分に分ける。
2 やわらかい部分は粗みじん切りにし、硬い部分はハマグリのだしとともにペースト状にする。
3 **2**のペーストに卵の素と葛粉を加え混ぜてから、**2**の粗みじん切りにした部分と合わせて丸く整え、蒸して真薯とする。
4 ハマグリのだしにカツオだしを加えて味をととのえる。
5 椀に**3**の新薯を入れ、軽く蒸した芽カブ、薄切りにしたダイコンでつくった桜を加え、**4**のだしを張る。ユズの花を飾る。

蛤椀

ESqUISSE《エスキス》 料理長

山本 結以

1994年愛知生まれ ● 現・東京

ESqUISSE　東京都中央区銀座5-4-6

夢中になって希望を抱き、何も知らずに飛び込んだ料理の世界。厨房でともに働くのは男性ばかりで、山本結以さんは少数派であるがゆえの劣等感を跳ね返すようにがむしゃらに働いた。伝統的なフランス料理の技法を徹底的に学び、スピーディーに、正確に、ムラのない仕事をする。努力に裏付けされたその卓越した技術は、いつしかまわりから認められるようになっていった。そして、より自分らしい表現ができる場所を求め、リオネル・ベカ エグゼクティブシェフが率いる「エスキス」の門を叩く。ベカシェフから繰り返し伝えられたのは、「食材の声を聴きなさい」という言葉。これまでは「どう調理しよう?」としか見てこなかった食材。それからは、食材がどんな場所で、どのように育ってきたかに思いを馳せるようになった。それと同時に、自分の内面がそのまま料理に表れることに気づき、いつか訪れるかもしれない結婚や出産も自分の料理の大切な要素にしたいという思いを持つようになった。「いつかは自分の店を構え、三つ星レストランをめざしたい」という未来図とともに、山本さんは2024年からエスキスの料理長として新たな一歩を踏み出している。

やまもとゆい

1994年、愛知県生まれ。辻調理師専門学校に入学し、フランス校に留学。在学中に調理師学校の学生を対象にした「トロフェ・ミル国際コンクール」で2位に入賞する。主席として卒業し、2016年、東京・浅草のフランス料理店「ナベノ-イズム」に入店し、5年ほど研鑽を積む。2021年、銀座のフランス料理店「エスキス」に入社し、2023年にスーシェフに。同年、若手料理人の料理コンペティション「RED U-35」でグランプリの「RED EGG」と「岸朝子賞」を同時受賞。2024年、エスキスの料理長に就任する。

高校時代から「三つ星シェフになりたい」という夢を持つ

料理の楽しさを知ったのは、小学校の家庭科の授業の「おうちの人に料理をつくる」という課題がきっかけです。家族に卵焼きをつくったのですが、焦がしてしまったにもかかわらず祖父母や両親が「おいしい」と食べてくれて。自分の手で生み出したもので人を幸せにする嬉しさを知ったのです。その後、高校に入って卒業後の進路を決める段になって、将来は料理人、しかもミシュランの三つ星シェフをとるくらいすごい料理人になりたいと思いました。当時から料理に夢中で、料理人以外に考えられない、というような思いだったと覚えています。

思えば子どもの頃から、前向きな性格でした。小中学生の頃はバスケットボールに夢中であまり勉強をしていなかったのですが、その結果、中学の三者面談で「今の成績だと志望高校は無理だ」と言われたんです。その言葉が悔しくて、猛勉強して志望校に受かったという経験もあります。自分はやると決めたらやるし、人に自分のポテンシャルを決めつけられることが好きではないので、「無理」と言われたのが逆にパワーになった。このように、自分の目標を達成するという経験を重ねたことが、「きっとできる」という自信につながっていったと思います。また、「あなたの夢を叶えるために私たち親は存在する。やりたいことをやりなさい」という家族の言葉に背中を押されたことが、料理の道に入る大きなきっかけとなりました。

高校卒業後は調理師学校に入学し、実際に三つ星レストランの食べ歩きもして、やはりかっこいいなと思い料理に熱中しました。もちろん、今思うと星が重要なのではなく、まずはお客さまが喜んでくれることが大切。その先に三つ星があると認識しています。フランス料理を選んだの

調理師専門学校時代の写真。左はフランスの料理の競技会「トロフェ・ミル国際コンクール」で2位を獲得した時のもの。「1位になれなかったことが悔しくて、もうこんな思いはしたくない」とさらに料理の勉強を重ねる。

は、毎日食べていてなじみのある和食とはまったく違う、「自分の中にないもの」に惹かれたからです。ガストロノミーの世界で活躍する女性シェフは少なかったけれど、「まだ未開拓のエリアだからそのぶん活躍できる可能性がある」とプラスの方向に考えていましたね。

技術を学んでから、自由な料理を求めて「エスキス」へ

調理師学校のフランス校に留学し、卒業後、最初に就職したのは渡辺雄一郎シェフが率いる「ナベノ-イズム」。渡辺シェフの下ではフランス料理の技術と型をしっかりと学ばせていただき、スーシェフとしても働きました。だから今の技術があると、心から感謝しています。でも、ある日「渡辺シェフがいなくても、自分は料理ができるのか」と不安になったのです。渡辺シェフのスタイルは、フランス料理の伝統の型に従いながら個性を出すというもので、ある種の「枠」の中で自分は大切に守られながら料理をしていました。もちろん、これは自分の問題ですが、その枠がなくなったら自分はどんな料理をつくったらいいかわからなくなってしまう。そんなことを考えて、次の修業先として選んだのが、「エスキス」でした。

もとは、そのエスキスのリオネル・ベカ エグゼクティブシェフがナベノ-イズムに料理を食べに来た縁で、自分もエスキスに食事に行ったのですが、その時に「枠がなく、自由な料理」だと感じたのです。「こう食べてください」という押し付けもなく、食べ手が自分の感性で自由に受け止めていい料理。こういう料理をつくるシェフの下で学べば、自分ならではの料理を見つけられるかもしれないと思い、エスキスに入店しました。

— Yui Yamamoto —

最初の修業先「ナベノ-イズム」に、次の修業先となる「エスキス」のリオネル・ベカ エグゼクティブシェフが食事に来た時の一枚。

食材の声を聴くことが、自分の成長の鍵だった

入った時にリオネルに言われたのは「食材の声を聴きなさい」ということ。そこから、食材の声を聴くとはなんだろうと考えるようになりました。修業を始めた頃は効率重視で、とにかく速く、とにかく正確に手を動かすことが、成長することだと思っていた。だから、料理に対して愛が足りないというか、ただの作業になってしまっていた瞬間があったと思います。そういう状態からシフトチェンジをする必要に迫られ、きれいで素早い正確な仕事だけでなく、もっと食材に向き合って食材を理解することを意識するようになりました。

たとえば、先日グランプリを取ることができた料理人コンペティション「RED U-35」で使ったイセエビ。イセエビは、ずっと自分の中で料理の主役にしたいと思ってきた食材ですが、いざ「食材の声」を聴こうと考えた時に、何も浮かばなかった。まず、産地である三重県が近い愛知県出身なのに、その産地すら訪れたことがなかったんです。それに、イセエビを獲る海女さんのことも、何も知りませんでした。そんな状態では、食材の声を聴き、それを人に伝えることはできない。すぐ翌日に、三重・伊勢の海女小屋を訪問しました。東京から行くのはとても大変でしたが、海女さんがイセエビを目の前の炭火で焼いてくれて、会話をしたことが食材を理解することにつながりました。「この思い出をいかに料理で表現すればいいのだろう」と考えたことから、イセエビを殻ごと炭火で焼くという料理の構想が得られました。実際に海女小屋に行っていなかったら、ここまで愛情を持って、料理について深く考えることができなかったと思います。それまではイセエビについては、その味成分、タンパク質の変性の仕方、締めた後の処理方法、

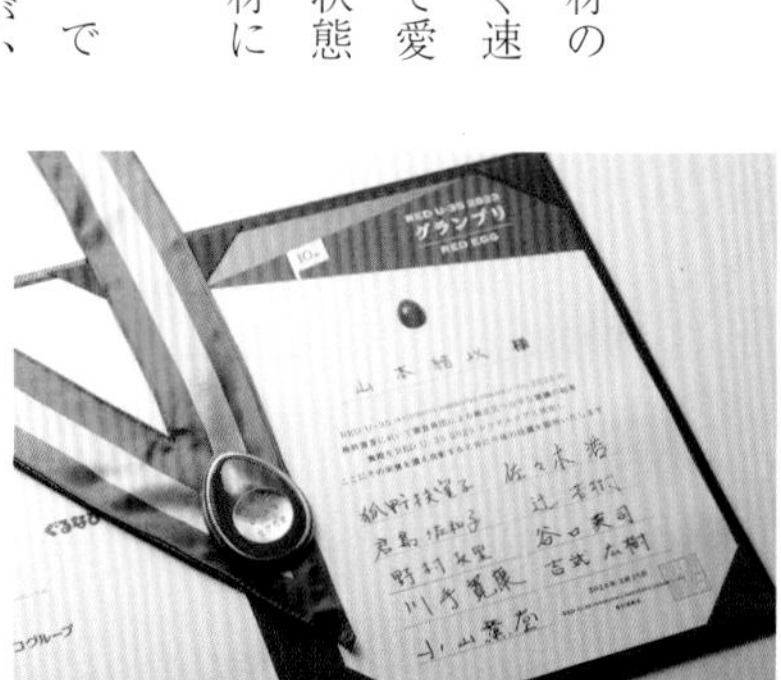

2023年、「RED U-35」でグランプリを獲得した時の賞状。同大会において女性初のグランプリとなった。

最適な加熱方法にしか興味はありませんでしたから。でも伊勢に行ってからは、エビの育つ過程や、どこでどうやって生息しているかを説明できるようになり、それを知ったからこその料理がつくれるようになりました。

東京で料理をしていると、食材を発注するだけできれいにパッキングされ、形が整ったものが翌日すぐ届きます。その食材は、どこで、誰がとって、どのようにこの店に来たのか、その店のトップでも意識していない人は多いと思います。もちろんスタッフも。自分で情報を調べて行動し、学ぶというのは、とても大切だと思った経験でした。

厨房に女性が少ないことから刷り込まれた劣等感

2024年、リオネルのすぐ下の立場であり、厨房をまとめる料理長に就任することを打診された時も、迷いましたが「やってみよう」と思えるようになりました。今は、自分なりのリーダーシップについて考えている最中です。

思い返すと、料理人になる時は迷いはなかったものの、社会に出てから女性シェフが圧倒的に少ないことに気づき、「女性シェフが少ないのは、女性が厨房では男性よりも劣っているからではないか」とインプットされてしまったように思います。調理場のつくり自体、女性が働く前提にはなっていないですよね。物をしまう場所が高いところにあったり、調理台の高さが男性向けになっていたり。一緒に働く人たちから差別を受けたわけでもないのに、自分の中で過剰に性別を意識してしまって、そのぶんやみくもに働くことで劣等感を打ち消していました。しかし、「女

厨房での山本さん。ベカシェフとコミュニケーションを取りつつ、厨房スタッフ全員を率いる立場。

性だから」と意識しているのはまわりではなく、自分自身だということに気づき、それを受け入れることから、料理長としてのリーダーシップはスタートしました。

料理長になる際にリオネルに言われたのは、自分の下で働いている人に対して、「勝手に自分のところまで上がってきなさいという姿勢ではなく、自分が相手の位置まで下がって、手を握って連れて上がってこないといけない」ということ。相手の視点に立って、丁寧に指導する。今はこの意識を徹底しています。厨房は、常にスタッフの入れ替わりがあるもの。タイミングによっては、新卒のスタッフが大半、という状況もあるでしょう。でも、それはお客さまには関係ないことです。こちらの都合を皿の上に乗せるわけにはいきませんから、チームみんなで成長して、いい料理をつくり上げていきたいと思います。一つの目標に向かってチームで何かを実現するのが好きなのは、小学生の頃からバスケットボールのクラブチームに入っていたからかもしれません。厨房では自分のこれまでの経験や性格が出るものです。

憧れの女性シェフとの出会い

以前より、フランスの著名な女性シェフ、アンヌ＝ソフィー・ピックさんに強い憧れがありました。子育てをしながら、フランス国内外で数々の星付きのレストランを生み出している功績がすばらしいと感じていたからです。しかし、今、さらに具体的な憧れの対象に出会うことができました。それは、セブリーヌ・サグネさん。フランスの一つ星店の料理長を辞めて、新しく自分の店をフランスにオープンするというタイミングで、エスキスに2週間研修に来られていた方で

自分史年表

1994年生まれ　山本結以

18歳　辻調理師専門学校に入学し、2年間学び、同校のフランス校に留学する。フランス校時代、調理師学校の学生を対象にした料理コンクール「トロフェ・ミル国際コンクール」で2位入賞。その後、同校を主席で卒業する。

22歳　東京・浅草のフランス料理店「ナベノ-イズム」に就職。5年ほど働き、スーシェフも務める。

Turning Point

27歳　銀座のフランス料理「エスキス」に入店。約2年を経て若手料理人の料理コンペティション「RED U-35」に挑戦し、女性初のグランプリ「RED EGG」と「岸朝子賞」を同時受賞する。

Turning Point

29歳　エスキスの料理長に就任する。

す。働く姿を見ていると、「仕事が好きで、人生が楽しいんだ」というのが伝わってきて、胸が高まりました。厨房で豆の皮をむきながら鼻歌を歌っていたり、作業中に目があったらにっこり笑ってくれたりして。一緒に食事に行ったのですが、初めて食べるうどんを、「おいしいねー、おいしいねー」と言って食べてくれて。そんな人間性を含めて、こういう女性シェフになりたいと思ったのです。日本には女性シェフが少ないという現状を伝えると「フランスにおいで」と笑顔で返されました。でも、よく聞くと、フランスの厨房でも女性差別のようなことはあったそうなんです。それでも、そんなことは気にも留めない明るさとポジティブさ。これから料理を続ける上で、心に居続けるシェフになると思います。

人生の振り幅が大きいことを、プラスにとらえる

私自身、これから先、結婚も、出産もしたい。でも、料理の仕事もし続けたい。なぜなら、これからの世代の若い子たちに、そんな未来があるという背中を見せたいからです。

女性が、特にミシュランの星を獲るようなファインダイニングやガストロノミーレストランのシェフとして生きたいと考えた場合、もちろん生き方に正解不正解はないけれども、そのハードルはとても高くなります。そんな中、たとえば自分がこのまま結婚も出産もせず突っ走って、星を獲るようなトップシェフになったとしたら、「やっぱりファインダイニングの世界で活躍する女性は、結婚も出産も諦めないといけないんだ」と思わせてしまう可能性がある。それは、とても悲しいことです。

一日のスケジュール

7:00	起床、好物の納豆ご飯と味噌汁の朝食を食べ、ヨガをしてから出勤。
8:20	職場に着き、仕込みを開始する。
12:00	昼営業開始。
15:00	昼営業終了後、仕込みを行い、16時頃休憩をとり、まかないを食べる。
18:00	17時頃から営業準備を開始し、18時にディナー営業が始まる。
22:00	営業終了後、掃除が終わり次第退勤。

また、いまだ完全に男性社会の料理業界では、女性の扱いが難しいと思われ、特に子どもを産むことで厨房に穴をあけることがとてもネガティブにとらえられがち。でも料理表現という面でとらえると、出産という経験は、その人の料理表現の幅を広げるポジティブなものではないでしょうか。その人自身の内面が皿の上に表現されるとしたら、人生の振り幅が大きいことは、表現者としてプラスになるように感じました。私自身は、人生の中で自分自身のキャリアを軸として、結婚や出産を前向きに考えていきたいです。

男性シェフの導きと助けが、女性シェフを増やすことにつながる

一方で、この業界は現状男性シェフが圧倒的に多いので、女性シェフの未来は、男性シェフにゆだねられていると言っても過言ではありません。現状、女性のトップは少ないので、この世界に入ってくる女性を育てるのは男性シェフであることがほとんどだからです。それに、産休や育休で厨房を去らざるを得ない時、カバーしてくれる方々の助けも必要です。

そういう意味で今後、性別関係なくいろいろな人が属する「女性シェフのための協会」をつくるのが目標です。実際に立ち上げるのは私が将来独立開業してからになるかもしれませんし、簡単に実現するものではないと思いますが、女性がより料理界で活躍するためにどんなことができるのかを、性別関係なく考える会をつくりたいのです。女性のためのコミュニティーですが、女性だけのコミュニティーだと視野が狭まってしまう。多様な角度からこの問題を取り上げたいので、性別関係なくいろいろな人の意見を吸い上げられる場にしたいと思っています。いずれは食

22:30

帰宅。現在調理師学校に通っている母親と、パティシエ修業中の弟と同居している。自身はお酒は飲まないが、母の晩酌に付き合いながら、その日あった出来事を話す。のちに帰宅する弟が持ち帰るケーキを食べながら、家族団欒の時間をとることも。半身浴をしながら、防水カバーを付けたスマホで店の事務仕事の一部を行う。

0:00

就寝。

育活動もやりたいし、小学校に授業に行くのもいいかもしれません。子どもが初めて出会ったシェフが女性だったら、その子の中で世界が広がりますよね。当たり前かもしれないのですが、そもそも女性シェフの数が多ければ多いほど、その姿を見てシェフになりたいという若い女性が多くなっていくはずだと思うのです。

もちろん、料理人一人ひとりの個性は違いますし、「女性シェフ」とひとくくりにはできません。私は、先ほど話したように厨房における女性料理人の少なさを肌で感じ、逆に自分が女性であることを強く意識してしまったタイプですが、先輩の女性シェフの中には、「今まで厨房で女性であることをいっさい意識したことがない」という方もいました。一人ひとり、悩みや考え方は違うので、それぞれに寄り添うことができるコミュニティーをつくりたいです。

いつかは自分の店をオープンしたい

最終的な目標は、自分の店を持つことです。自分の料理に合わせる飲料はこの方にお願いしたい、と思えるソムリエさんとの出会いがあって、もしその方の合意が得られたら、本気でミシュランの三つ星を、そして世界をめざせるようなレストランを開きたいです。「おいしい料理をつくる」以外に、いろいろな価値を生み出して、社会に発信していける店をつくりたいと思っています。

特にフランス料理などの伝統的な料理は、歴史の中で残り続けてきた技術や、諸先輩シェフたちが生み出したさまざまな技法・アイデアが積み重ねられているので、「新しいもの」を生み出

大切な家族との写真。家族の言葉は、料理の道に入る大きなきっかけとなった。

すことは非常に大変だと思います。でも、これまでは男性料理人が圧倒的に多かったわけですよね。これから女性料理人が増えたら、もしかしたら、「新しい何か」「新しい当たり前」が生まれるかもしれない。自分が、そういうものを生み出す一人になれたらいいなと強く思います。

人生における My Rule

1. 食材の生まれる背景や食材を育てる人にまで思いを馳せる

2. 「相手の位置まで下がって、手を握ってここまで連れてくる」ことを大切に

3. 人生の振り幅が大きいことを、内面を磨く上でプラスにとらえる

自分の *Spécialité*《スペシャリテ》 について

産地で自主的に漁獲制限が行われ、大切に守られている三重県産のイセエビを主役にし、料理コンペティションでつくった一品。三重県の海女小屋を訪問した時に、イセエビを殻ごと炭火で炙る調理法を見て、自身の料理にも取り入れた。まずはイセエビの身を殻ごと昆布だしの中で低温で温め、やさしい旨みを加える。エビの頭やエビミソの旨みをすべて身に移し、この品のもう一つの主役であるハチミツを酢に溶かした液体を塗りながら焼き上げた。ハチミツをつくるミツバチは、野菜や果物、衣服に使われる綿などの花の受粉を行って自然環境を守る大切な存在である一方で、農薬や環境変化などにより大量死が起きるなど、その危機的な状況が問題視されている。そんなハチミツを大切な存在として料理に使い、「未来の子どもたちに、今と同じように、豊かな食が楽しめる世界をつないでいきたい」という思いを込めた。ハーブや花は、ミツバチが飛ぶ風景から着想を得て、味や香りのバランスを考えながら散りばめている。ソースは、やさしい旨みの貝のだしを泡状にしたもの。イセエビの他、八朔の果汁と塩に漬けたフキノトウのガクや、“フキノトウ豆腐”、カブで包んだ八朔の果肉とイセエビの頭のタルタルなどを合わせて。

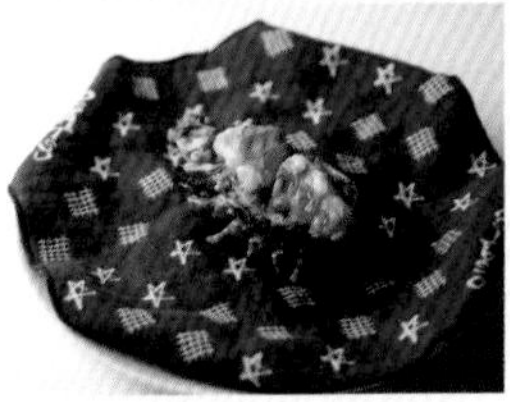

つくり方（概略）

1 フキノトウをさっと素揚げにしてアクを飛ばしつつ香りを保つ。フロマージュブラン、クレームエペス、豆腐、粒マスタードを加える。

2 生きたイセエビを提供直前に締める。頭をはずし、殻ごと42°Cの昆布だしの中で下加熱する。頭の身は丁寧に取り出して洗い、下板昆布で昆布締めする。

3 **2**を殻ごと炭火の上に移し、殻を通して身に熱を入れる。

4 エビミソ、味噌、ハチミツ、マスタードを混ぜて頭の殻の中に入れ、**3**を入れる。炭火の上に置き、ハチミツと酢を混ぜたものを**3**に塗りながら火を入れる。

5 薄切りのカブにハチミツ、味噌、マスタード、酢を合わせたものを薄く塗る。

6 八朔の果汁と塩に漬けたフキノトウのガクを**1**の上にのせ、皿に置く。手前に八朔の果肉と**2**の頭の身を置き、**5**をのせ、エディブルフラワーやハーブを添える。左側に**4**の身を盛り、中央にハチミツ、味噌、マスタードを混ぜ合わせたものと、貝のだしを泡状にしたソースを流す。

脱皮

Column
04

Anne-Sophie Pic

アンヌ=ソフィー・ピック

「海外の女性シェフ3人にインタビュー」

フランス、アメリカ、タイの3国で活躍する女性トップシェフに
これまでの歩みと店や料理に対する考え、そして家族について聞いた。

フランス・リヨンから南に車で約1時間の場所にあるヴァランスで、1889年の創業以来家族で歴史を紡ぐ名店「Maison《メゾン・》Pic《ピック》」。1969年生まれ、4代目オーナーシェフのアンヌ = ソフィー・ピックさんは、父の急死後に同店が失ったミシュランの星を取り戻し、現在はフランスで唯一の三つ星女性シェフ。フランスだけでなく世界にも店を展開し、活躍の場を広げてきた。迷いながらも見つけた自分らしいリーダーシップのあり方と、子育てと仕事の両立手段とは。

幼い頃はここ「メゾン・ピック」が自宅でもあったので、料理の世界はとても身近なものでしたが、もともと料理人になろうとは思っていませんでした。しかし大学でビジネスを学び、日本やアメリカの宝飾品ブランドなどで研修をしたのち、あらためて自分のルーツの大切さに気がついた。そこで地元のヴァランスに戻り、当時父がシェフだった実家の店に入店したのです。

でも、私が働き始めてからわずか3ヵ月で父が急逝。その後は兄のアランがシェフで、私はサービススタッフとして働いていましたが、店は1995年に三つ星から二つ星になってしまい、兄に代わり、私が厨房の指揮を執ることになりました。それまで料理の修業はしていなかったので、父の下で働いていた料理人たちから、魚のさばき方や火入れ、ソースづくりを一から学びました。

料理だけでなく、もちろんシェフという仕事も初めてです。私は父のようになろうとして、大きな声を出して、強いリーダーシップを表現しようと試みました。しかし2週間ほどして「人にこんな態度をとるのは自分らしくない」と、とても悲しくなったのです。それからは、大きな声を出すのと同じ熱量で、静かな声で指示を出し、その代わり料理の細部まで目配りをし、誰よりも一生懸命に働くようになりました。それを続けることで私自身に自信がつくと、自然とまわりも変わっていきました。偉大だった誰かになろうとするのではなく、自分らしくあることで、理解者が増えていったのです。

料理づくりの面で言うと、私の料理は「女性らしい」と言えるかもしれません。世の中には確かに「女性らしい料理」「男性らしい料理」というものがありますが、それはつくる人の性別ではなく、感性によるものだと思っています。私は実際に「女性らしい」とされるエレガントで繊細なものが好きですし、そう言われることに抵抗はありません。もしかしたら、そういうものを好むように育てられたせいなのかもしれませんが。そういう意味では、父ジャックも女性らしい料理、逆に祖父のアンドレは、男性らしい料理だったと言えると思います。

私生活では、高校の同級生だった夫と結婚。最初のうちは店の経営を担う夫とともに、とにかく店を軌道に乗せることに一生懸命でしたが、子どもを産むことに迷いはありませんでした。店の経営が落ち着いてきた２００３年頃から出産を考え始め、実際に息子ネイサンを出産したのは２００５年、私が36歳の時です。10月に出産を控える中、8月まで厨房に椅子を置いて座りながら仕事をし、8月以降も週に2回ほどレストランに立ち寄って指揮を執っていました。出産後は、あまりに忙しかったので、実はこの時期の記憶がほとんどないのです。毎年12月末から約１ヵ月休暇を取るのですが、その年もこの休暇に入って、やっと一息ついて子どもと向き合う時間ができたという状態でした。

育児中は、ランチ営業後に一旦家に戻って子どもの世話をして、夕方になると夫がバトンタッチで店に戻り、夜の寝かしつけを担当してくれるという流れ。義両親も近くにいたので、たとえば海外に展開した支店の仕事で長期間フランスを離れる時も、私の実母と一緒に子どもの面倒を見てくれました。もちろん、子どもと離れなくてはならない時には、自分で決めたこととはいえ、陰で涙することも少なくありませんでしたが。ただ、子どもの世話を身内に安心して任せることができたという意味で、私は恵まれていたと思います。

出産後１年あまり、２００７年に悲願のミシュラン三つ星へ返り咲くことができました。そのためにさらに忙しくなりましたね。でも、子どもが生まれたことで、シェフとしても、母としても、「その場」にさらに集中して、素早く頭を切り替えることを強く意識するようになりました。子どもが5歳になった時に、以前よりもさらに店の近くに引っ越したのですが、最初は店と家とで気持ちを切り替えるのが難しくて。いつも、店から家に帰る道路を渡っている時にスイッチを切り替えられるよう努めていました。息子は学校が終わってから店に来たりはしていましたが、できる限り普通の子どもらしく育てたいと考えていました。でもそんな息子も今は料理の道へ。リヨンの料理学校「ポール・ボキューズ・インスティテュート」で料理と製菓を学び、この店の5代目としての仕事に興味を持っていくれてます。

私は、自分の経験からも、スタッフが出産・子育てをするための支援をしたいと思っています。たとえば昨年、パリの支店「ラ・ダム・ドゥ・ピック」の女性料理長が第2子出産のために6ヵ月の休暇をとりました。今の時代は、出産の際に誰かが無理をしたり、料理長がいないことを隠したりするのではなく、きちんとゲストに説明することが大切だと思っています。ラ・ダム・ドゥ・ピックでは、料理長が産休中の間はテーブルに「出産のために6ヵ月の休暇を取りますが、チームがしっかりとおもてなしをさせていただきます」という料理長からのメッセージを置いていました。また、ピック・グループでは、産休を取った女性が希望すれば、誰でも柔軟な労働時間で働くことができるようにもしています。

2020年からここメゾン・ピックのヘッドシェフは、日本人の小林珠季が務めています。当店では、女性初のヘッドシェフです。珠季とは17年前から一緒に働いていて、まるで実の娘のよう。珠季のこれからの活躍を楽しみにしています。

調理師学校フランス校での研修先だった「メゾン・ピック」のピックさんに17年間師事し、現在は同店ヘッドシェフを務める小林珠季さん（写真右）。

©Aurelie Lamour

料理では、フレッシュな味と香りを大切にしている。

©JF-mallet

Dominique Crenn
ドミニク・クレン

アメリカで初めて、女性シェフとしてミシュラン三つ星を獲得したドミニク・クレンさん。2024年には雑誌『TIME』によって「世界で最も影響力がある100人」に選ばれた。サンフランシスコに構える自身の店「Atelier Crenn《アトリエ・クレン》」ではフランス人としての味の記憶に基づき、自社農場で採れた野菜をベースに、旅から着想した軽やかな料理を創造。情景美にあふれた詩的な盛りつけが特徴だが、「食は思考を伝える手段である」との考えから、料理には政治的なメッセージをも込める。

私は1965年にフランスに生まれ、養子として育ちました。育ての父は政治家で画家でもあり、絵筆で感情を表現する創造力にあふれた人で、大きな影響を受けました。料理の道を選ぶことになったきっかけも、後から考えると両親だったかもしれません。2人にはさまざまなレストランに連れて行ってもらいましたし、父の友人に料理評論家がいて、一緒に食事をするなど「美食」が身近なものだったからです。

大学を卒業後、父のように絵筆ではなく、料理で自分の感情を表現したいと、料理人になろうと決めました。しかし当時のフランスのレストランの厨房は、男性優位の軍隊のような場所が多かった。ここで活躍することは難しいだろうと考え、1988年、女性でも料理人として活躍できそうなアメリカ・カリフォルニアに渡りました。最初にしたのは、地域で一番人気のレストランを探すこと。当時飛ぶ鳥を落とす勢いだった「スターズ」という店があると知り、履歴書も持たずに行って、シェフに「ここの厨房には女性が1人もいない」と直談判したのです。それがおもしろいと思われたのか、採用されました。勤務初日にいきなり食材を渡されて、前菜などの料理を任されました。それも、1日につき数百人ものゲストに対する料理です。私に料理を教えてくれたのは主に祖母ですが、祖母の味をベースにしながら自分の好きなように料理をつくらせてもらえるスターズの自由さが、合っていたのだと思います。大きい厨房だったので、厨房仕事の基礎や厨房のマネジメントについても一から学ぶことができました。

転機が訪れたのは1996年。インドネシア・ジャカルタのインターコンチネンタルホテルから、初の女性料理長としてのオファーが来ました。私はスタッフ同士が戦い合うようなスタイルの厨房に疑問を感じていましたし、当時のインドネシアの男性優位の社会に一石を投じたいと思って、オファーを受けることに。料理人志望の現地の若い女性を雇い、女性スタッフだけのレストランを開きました。店はとてもうまくいっていましたが、1998年にジャカルタ暴動が起き、アメリカに戻らざるを得なくなりました。カリフォルニアでカントリークラブのシェフを8年間務めた後、ホテルでシェフとして働き、ミシュラン一つ星を得ました。ところが、２００９年に生死を分けるような事故に遭い、「自分の生き方はこれでいいのか」と人生を見つめ直す機会がありました。その時に、定番の味を求められるだけのホテルの仕事に疑問を持つようになったのです。私はもともと、人の常識を覆す、ありきたりでないものを考えるのが好きだったのだから、新しくおもしろいものを食の世界に持ち込みたいと考えるようになりました。そもそも、カリフォルニアが好きなのは、世界中の文化が流れ込み、多様性があるから。たとえば、日本のタタミイワシとメキシコのチリペーストを一つの同じ料理に使うのも、この場所では自然なことなのです。

　私は、料理はつくる側と食べる側の会話のようなものだと思っています。だからこそ、料理にメッセージを込め、社会に対して訴えかけたいという気持ちがある。政治家でもあった父がいつも「料理は政治である」と教えてくれましたから。社会には、性別や人種による差別など、さまざまな問題があります。料理を通して、料理を食べる場にいる人たちがお互いの弱さや強さを知ってよりよい社会を築いていく、ワークショップのような場所をつくりたい。そう思ったのが、ホテルを辞めて２０１１年に自店「アトリエ・クレン」を開業した理由です。

　当店では、２０１８年から肉の提供を、２０２３年からはさらに乳製品の使用を中止しています。主な理由は、アニマルウェルフェアなども含めた健全でサステナブルなものを、レストランで使う分だけ安定供給するのが難しいからです。飼育された動物の肉や乳製品は、人間が人工的に生み出したものですから。魚は全部サンフランシスコで水揚げされた天然のもので、顔の見える生産者からしか買いません。料理は自分が信じるものや感情を伝える手段ですから、それを反映できる食材を使うのは当然のことです。

　なお、自然は私にとって常にインスピレーションの源でしたが、２０１２年にカリフォルニアのソノマに自社農園を開いてから、より自然を身近に感じられるようになりました。ここでは、店で使うベビーリーフやハーブ、野菜などを栽培しています。

２０１９年に乳ガンが発覚し、手術しました。幸いなことに、状態は安定しています。この経験を通して、料理も変わりました。これまでは、一編の詩のような料理名をつけていましたが、シンプルに食材名を羅列したものに。自分自身の物語や私のフィルターを通した言葉よりも、より大きな視野を持って、自然が生み出した食材の魂のようなものを伝えたいと思うようになったのです。

偶然のタイミングですが、この時期から、もともと友人だった女優のマリア・ベロと交際を始めました。彼女は辛い時期にあった私のことを支えてくれた人。近く、彼女と結婚する予定です。私は前のパートナーとの間に、養子の双子の娘、シャルロットとオリビアがいますが、うち一人の夢は宇宙飛行士になることです。私自身が娘たちの生き方のお手本となり、性別に関係なく夢を追求できる未来を娘たちに手渡したいと思っています。

肉や乳製品を使わない料理をつくるクレンさん。野菜やハーブは自社農園で栽培したものを使用する。日本では、映画『ザ・メニュー』（2022年）の料理監修を務めたことでも知られる。

Duangporn "Bo" Songvisava

ドゥアンポーン・"ボー"・ソンヴィサヴァ

タイでは王宮で料理をつくっていたのが代々女性だったことから、女性料理人の本が「古典」として読みつがれ、実際に女性料理人の数が多く、地位も高い。そんなタイで活躍する女性シェフの一人が、夫とともにバンコクのモダンタイ料理「Bo.Lan《ボラン》」を営む、ドゥアンポーン・"ボー"・ソンヴィサヴァさんだ。京都にあるタイ資本のホテル、デュシタニ京都内のレストラン「Ayatana《アヤタナ》」の他、ドバイでもレストラン監修を行うなど、タイ以外の国でも幅広く活躍。現在43歳、私生活では2児の母でもある。

私は食を愛する大家族で育ち、幼い頃から、料理をつくるのが好きだった父の手伝いをしてきました。高校卒業後、すぐ料理人になりたかったのですが、両親に反対され、経営学の学位を取ってからバンコクの地中海料理のレストランで働きました。

その後、自分はタイ人なのに、自国の料理のことを何も知らないということに気づいたのですが、まずタイには「本格的なタイ料理のレストラン」がありませんでした。タイでは、自国の料理であるタイ料理は安価なストリートフードを買うか、家でつくって食べるものという考えがあったのです。とはいえ家庭の料理も、パック詰めのココナッツミルクや調味料ミックスが使われることが多く、本格的なタイ料理とは言えません。

そこでちゃんとタイ料理を学ぶため、逆に海外に出ることにしました。紹介してもらったのは、イギリス・ロンドンにあるデビッド・トンプソンシェフの店「ナーム」。厨房のスピード感についていくのは大変でしたが、若くて野心があったので必死に働き、最終的にはついていけるようになりました。夫のディラン・ジョーンズは、もともとはここで一緒に働いていた同僚で、仕事の前や後にデートをして付き合うようになりました。

働いて2年が経ち、基本的な料理技術を学ぶことができたので、ディランを連れてタイに戻り、2009年に「ボラン」をオープンしました。店名は、私の愛称である「ボー」と、ディランの「ラン」を合わせたもの。また、タイ語で「ボラン」は、「昔ながらの」という意味も持っているのです。

当時のタイでは、工業化の波で食材の大量生産が進み、出来合いの調味料ミックスを使ったタイ料理が多く食されていました。伝統製法でつくられた調味料や質のいい食材が失われていると感じたものです。昔は家庭ごとに工夫したレシピが伝承されていたのに、このままではタイの食文化そのものが失われてしまうと思い、私たちはココナッツからココナッツミルクを搾り、機械ではなくすり鉢でスパイスをつぶしてチリペーストをつくった。つまり、工業化が進む前の昔ながらのタイ料理を提供したいと思ったのです。また、私はタイの伝統の味のバランスも守りたい。店のテーマを「エッセンシャル・タイ」と名付けたのも、そんな理由からです。今は、海外からのお客の味覚に合わせた観光客向けのタイ料理も多く、本来の味が失われてしまっている。たとえばトウガラシを使った辛みのある料理は、その辛みによって味のバランスが成り立っているので、もし「辛さを控えて」と言われるのなら、別の、もともと辛くない料理を食べることをすすめます。

当時のタイの市場では、オーガニック食材を手に入れるのもとても難しかったです。探しに探してようやくオーガニック食材の生産者を見つけ、その人からさらに紹介してもらった生産者から、またさらに紹介をしてもらい、数えきれないほどの生産者を訪問して、今はやっと満足いくものを手に入れることができるようになりました。今は85の生産者と取引していますが、すべてタイ産のオーガニックのものです。

私と夫は共同シェフという形をとり、どちらも対等に料理の構想を練ったり、厨房で料理をつくったりしています。夫はオーストラリア人、私はタイ人で、味覚が異なり、お互いに自分が正しいと思ったことをしっかりと主張する方なので、喧嘩になることも少なくありません。それでも意見を伝え合うことで、お互いの理解や絆が深くなり、それが料理にも反映されていると感じます。私たちには12歳と9歳の子どもがいて、夫婦で厨房に立っているので幼い頃はお手伝いさんを雇って面倒を見てもらっていました。タイでは共働きが多く、お手伝いさんがいる家庭も少なくありません。バンコクは大気汚染がひどいので、今は子どもたちを自然豊かな北タイ・チェンマイのインターナショナルスクールに入れています。子どもを田舎に移したのは、子どもの精神的な成長のためによい環境を求めたのももう一つの理由です。

さて、タイ料理にとって、塩はとても大切な要素です。タイでは岩塩と海塩が採れますが、地域によって微妙に味が異なります。多くのタイ料理は、トウガラシと塩をすり鉢でつぶしたものが味の基本。そこにエビのペーストや魚醤など、異なったタイプの塩分を複合的に組み立てて味をつくっていきます。しかし、海から採れる塩や魚の中にも、マイクロプラスティックが入っています。生分解性プラスティックだとしても、粒子が細かいだけで、プラスティックそのものは自然界に蓄積していきます。私たちタイ人は、昔は使い捨てのプラスティック容器ではなくバナナの葉などを使ってきた文化があります。そんな伝統を取り戻すべきです。当店では、レストランにショップを併設し、オーガニックな食材や調味料、昔ながらのすり鉢や、化学物質を使わない洗剤を販売したり、料理教室を行ったりしてサステナブルな食文化を発信しています。伝統製法の調味料を店で使うだけでなく、販売し、広く知ってもらうことで、小規模な生産者を守ることもできますし、料理教室では伝統的なタイ料理のつくり方を少しでも広めたい。めざすのは、観光客向けにアレンジしたのではない、タイ人が昔から食べてきたタイ料理をきちんと次の世代に伝えていくことです。シェフとしても、一人の母親としても、子どもたちが誇りに思えるような未来につなげていかなければと思っています。

右下の写真以外は、ホテル・デュシタニ京都内のレストラン「アヤタナ」の内観と料理。現在タイの「ボラン」は不定期での営業となっている。右下は2人の厨房での様子。

著者紹介

仲山今日子

フリージャーナリスト

テレビ山梨・テレビ神奈川のアナウンサーを経て、結婚・出産。2013年、シンガポールの日系テレビ局からオファーを受けて移住し、現地でアナウンサー、ディレクターとして働くとともに、ジャーナリストとして世界中をまわり食の分野を中心に取材を行うようになる。2019年に拠点を日本に移し、世界中のシェフたちの信頼を受けて、国内外のメディアで活躍。世界約60ヵ国での取材経験があり、レストランアワードの審査員なども務める。

本書の取材は、2024年4月までに行ったものです。各店の最新情報は各店のHPやSNS等をご覧ください。

私《わたし》は料理《りょうり》で生《い》きていく

日本《にほん》の料理界《りょうりかい》で活躍《かつやく》する女性《じょせい》オーナーシェフ・料理長《りょうりちょう》10人《にん》の
仕事《しごと》、生《い》き方《かた》、マイルール

2024年6月25日　初版第１刷発行

著者　仲山今日子
発行者　津田淳子
発行所　株式会社グラフィック社
〒102-0073
東京都千代田区九段北1-14-17
Tel. 03-3263-4318（代表）　03-3263-4579（編集）
Fax. 03-3263-5297
https://www.graphicsha.co.jp
印刷・製本　図書印刷株式会社

定価はカバーに表示してあります。乱丁・落丁本は、小社業務部宛にお送りください。小社送料負担にてお取り替え致します。著作権法上、本書掲載の写真・図・文の無断転載・借用・複製は禁じられています。本書のコピー、スキャン、デジタル化等の無断複製は著作権法上の例外を除き禁じられています。本書を代行業者等の第三者に依頼してスキャンやデジタル化することは、たとえ個人や家庭内での利用であっても著作権法上認められておりません。

ISBN978-4-7661-3903-7

©2024 KYOKO NAKAYAMA　Printed in Japan